Memórias de um jovem poeta

Victor Lê-me

• Vol . 1

MJP1

Jovem e apocalíptico

Dados Internacionais de Catalogação na
Publicação (CIP)

(Câmara Brasileira do Livro, SP, Brasil)

Lê-me, Victor
    Memórias de um jovem poeta : volume 1 /
Victor Lê-me. -- Mongaguá, SP : Ed. do
Autor, 2023.

    ISBN 978-65-00-67303-6

    1. Poesia brasileira I. Título.

23-153912   CDD-B869.1

Índices para catálogo sistemático:

1. Poesia : Literatura brasileira
            B869.1

Tábata Alves da Silva - Bibliotecária -
CRB-8/9253

UICLAP® Editora e Distribuidora Ltda
Rua dos Ingleses, 524 - cj.5 - São
Paulo/SP - CEP 01329-000
(11) 3230-0812
contato@uiclap.com

Viver envolve sempre
Capacidades argumentativas
Simbólicas
Representativas
E de metáfora em metáfora
Está tudo bem
Transformar a vida
Em poesia

SUMÁRIO

Introdução

Oiie! Deixa eu te falar um pouco sobre o que é esse livro.

Esse é o primeiro volume de uma série de escritos que produzi entre os 15 e os 22 anos. Nesse volume, reuni uma seleção de imagens, reflexões, críticas sociais, notas, declarações românticas (autobiográficas ou não), crises existenciais e o que mais eu consegui transformar em poesia ao longo da minha dramática adolescência.

Por muito tempo me perguntei se de fato publicaria essas peças algum dia. A arte é um universo de vulnerabilidade e agradeço que exista algo assim num mundo que muitas vezes se recusa a lidar com atenção ao sofrimento que produz.

A decisão do lançamento vem de uma avaliação sobre o valor disso para mim. A sensação de que alguém compartilha ou compartilhou uma vez de nossas impressões, angústias e esperanças, e de que há vida para além disso, pode ser muito acolhedora.

Acolhimento é o que senti em conversas profundas com amigos, algumas sessões com minha psicóloga e peças de trabalhos como o de Clarice Lispector com as quais fui me deparando com o passar do tempo.

Se eu puder te trazer uma narrativa criativa, servir de inspiração ou gerar essa sensação de refúgio, terei meu objetivo atingido.

Assim sendo, desejo boa leitura e espero que o que encontrar aqui seja capaz de te levar identificação e reconforto, e suavizar, de algum jeito, sua passagem pela vida. :) ♥

Comentários

Admiro muito quando um artista conta um pouco mais sobre o seu trabalho, falando sobre suas inspirações, o processo criativo, opiniões, intenções e curiosidades. Gosto de assistir a entrevistas ou a outros formatos que possibilitam isso, como os do Genius (empresa de mídia digital com anotações e interpretações de letra de músicas).

Você pode conhecer melhor alguns dos poemas que redigi aqui a partir dessa playlist no meu canal do Youtube:

https://bit.ly/mdujp1YT

I

Drama
Adolescente

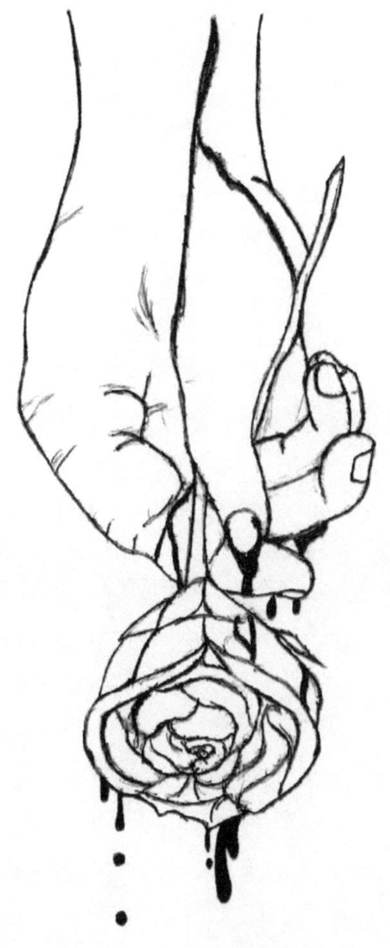

Suas dores se parecem com as minhas

Sua arte parece vida

Viagens de um Surrealista

Viagens de um surrealista

O sofrimento de viver
Me acerta de um jeito específico
E consigo entender que
Sem minha imaginação
Estaria perdido

Olhar-sorriso
queira iluminar o mundo
possa manter seu brilho
embora o escuro

Olhar-mínimo
queira pouco ser muito
possa enxergar o íntimo
embora os abusos

Olhar-grito
queira abrir-se fundo
passe percebido
embora mudo

Olhar-deprimido
queira não desistir de tudo
possa a água lavar o martírio
embora tão duro

Olhar-lírico
queira ver o comum-único
possa sua imagem ser colírio
de uma multidão cega pelo injusto
e fazer da desilusão um mero cisco
pois só a poesia torna desoculto
que esse globo pode ser cristalino
embora turvo.

Check de Listagem

• Dizem que eu ando pensativo
Eu diria que penso andativo

• Há tanto a fazer
que minhas listas têm listas de listas

• Tanto a dizer
que eu faria palestras
até que me secassem a língua

• Escreveria o bastante
para encher uma livraria
Pintaria uma galeria
É tanto a expressar,
que só arte conseguiria...

Uma crise existencial a cada quatro dias
Elas duram, cada uma, quatro dias?

Uma crise existencial a cada quatro dias
Elas duram, cada uma, quatro dias?

Não sei
Perdi o sentido da minha vida de novo
Está em algum lugar
Eu não sei onde
Eu sou muito desastrado e vivo perdendo

Descontaminação

Vivendo no automático
e meu automático tem sido
pouco viver
e muito pensar no que vivo

Buscar motivos
de coisas sem sentido
tem sido o principal motivo
dos meus desmotivos

MOSAICO

FUI DESPEDAÇADO
E PARA CADA PEDAÇO,
VI UM NOVO EU CRESCENDO.
TEMIA, NO COMEÇO,
QUE HOUVESSE EUS DEMAIS
PARA EU DE MENOS.
PORÉM, SORTE A MINHA:
SOU DO TAMANHO EXATO
PARA TODO E CADA EU
QUE CONTENHO.

[1/2]

Imperfeccionista

Eu não tenho o sorriso alinhado
Eu não tenho um olhar chamativo
Ainda assim, eu sorrio acanhado
Eu enxergo um mundo bonito

Divago, entro em crises,
Penso selvagem;

E desfocado
dos acertos e deslizes
Fora de mim,
bem vejo minha imagem

É irônico
Perder a cabeça tentando recuperá-la
Ora trágico, ora cômico
Nunca tarde demais para levantá-la

[2/2]

Não muito equilibrado
Sem simetria, nem arranjos harmônicos

Não tenho conserto, não estou quebrado
Único, nem melhor, nem pior
do que outros tantos

Contemplei o abismo
Pensei em me pertencer
Vim de onde venho
Vou para onde vou
E vivo o viver

Ceguei meu perfeccionismo
Então pude ver
Tenho o que tenho
Sou o que sou
E o que deveria ser

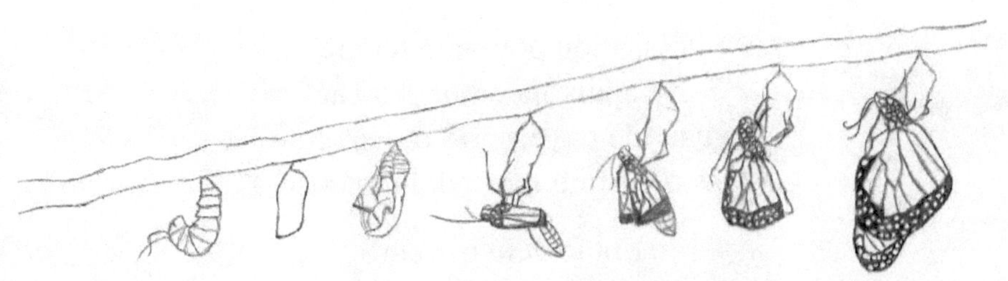

Metamorfose

Lagartinha assustada
Despreparada para mudar
Constrói sua própria cápsula
Sem saber o que esperar

Rastejou por tanto tempo
Se apaixonou por passear
Sua vida é o próprio movimento
Mas o destino lhe pediu uma pausa

Então veio o escuro
O silêncio e o hábito de lembrar
O medo do futuro
E o nascer do libertar

Quem diria... A luz surgiu
E ela enxergou sua verdadeira beleza
A borboleta voou, finalmente descobriu
Que a transformação era sua natureza

[1/2]

Castelo de cartas

Ergo carta a carta
em sua respectiva posição
Cuidadoso que minha construção delicada
não caia ao chão

A sala está cheia de expectativas
E eu atrás das pilhas
As esperanças deles e as minhas
E eu na dianteira, arqueiro e mira

As apostas são feitas
Eu quero tanto ganhar
Então treino paciência,
A partida não quero abandonar

Quanto maior fica,
mais tenho medo de que seja derrubado
Temo terminar só, com minhas ruínas
tanto quanto odeio me sentir descartado

[2/2]

"Bem-vindo ao time dos perdedores
ao clube dos corações partidos"
Há alguém aí que queira estar comigo?
Ainda estarei entre seus amores
Quando eu estiver ferido?

Questões de sorte e azar
Mente embaralhada
Não tente assoprar
Não me imponha resposta

Cara de blefe
Nunca sei o que está por vir
O que acontece
Quando eu disser "bati"?

Destino infiel,
Não serei réu
Role os dados de novo
Coroa de papel
Coração troféu
Sou o rei do jogo

A casa dos espelhos

Adentro a casa dos espelhos
Em cada pessoa, vejo a mim mesmo
Passeio entre imagens e distorções
O mesmo eu, diferentes versões

Reflexos
Reflito, reflito
Reflito reflexões

Somos feitos de vidro
A um toque
quebramos em pedacinhos

Pedaços de cá, pedaços de lá
misturados a nós
em nossos caminhos

Reflito refletir
Reflito ser refletido

Entregue

Eu   Mas

Pertenço   também

a   pertenço

mim   a

mesmo   outros

E de algum jeito,
pertencer a outros

Faz com que eu pertença
ainda mais a mim mesmo

Vinco

Não sabia o que era uma frase
Então escrevi um poema
sobre como o barquinho deslizava na água
sobre o vento em suas velas

Interessante pensar
que quando remo
passo a água para trás
e o que está atrás
me impulsiona para frente

Eu agradeço tanto, tanto
O que cada um me ensinou
O que cada um significa
O tempo doado
Por terem estado
em seus trabalhos
e fazê-los poesia
Por terem sido humanos
e humanamente
mudarem minha vida

E a lápide me disse...

O pó do qual se cria,
O pó no qual se finda.
Natureza transformista.
Ciclo da vida.

É o nunca mais.
É o irreversível.
É o que se desfaz.
É um livre abismo.

É tão mais que a tristeza.
É se deparar com tudo, do nada.
É uma pena
que pesa uma tonelada.

É o silêncio que não se silencia
por mais indizível que seja

É a fragilidade
delicadeza
beleza

É o que foi
e o que se foi
para enfim ser
o que então é

É uma parte que parece ir
e fica para sempre

São as exatas perguntas
de respostas inexatas

É uma nova estrela
É um anjo que volta
É espírito que se liberta

É o pesar
É o descansar

É o dia que muda
É a data cinza do calendário
É o partir de agora

É seguir sem ele
Por ele

É luto,
é **luta**.
É morte,
é **vida**.

Eu não o conhecia bem
Mas **bem**
acho que ninguém conhecia

Há tanto que não sei
Mas se cada um oferece o que tem
Se existe alguma razão maior da vida
Espero que a sua
tenha sido cumprida

Sob certa visão da história
Você teve de ficar
E então eu fui embora
Hoje você se foi pra não voltar
Sou eu quem fica agora

Talvez excluídos os vícios,
humilhações e desamores
Não fôssemos tão diferentes assim
Hoje você recebe flores
E todo seu sofrimento
chega ao fim

Eu prometo pensar em você
com o mesmo cuidado
com o qual eu gostaria
que tivessem pensado

[1/4]

nºs

06:00 h
Um nº o chama
a sair da cama
e de 5 em 5 minutos
mais 6 alarmes
½ hora
até que ele não possa
alongar a demora

Ela se pesa
e a balança mostra
kgs a -
kgs a +
ela dá 1 pulo
1 lágrima cai

Ele conta os lucros
Ele vigia os nºs
Ele compra 1 ação
Ela conta suas moedinhas
sobre a mesa
para comprar pão

Ele subtrai
e divide
Ele quer saber
quanto faltará
de pontos
de provas
para que
ele possa
passar

06:00 h
Um n° o chama
a se lamentar
pois tudo nas últimas 12 horas
lhe parece com nada

Ela bloqueia seu n°
Sem lhe dar 1 última ligação
3 meses se passam
e 90 dias
não bloqueiam
o rosto dela em sua mente
nem sua preocupação

Ele anota 6 números
Beija a ficha
e aposta
Seus últimos trocados
os perde de vista

[3/4]

Ele saca seus créditos
e deposita a vida

Ele conta até 10
bem baixinho
para não sair aos berros
+1 2º ali
E o homem-bomba iria explodir
chegar ao 0

Ela se pergunta por quê
por que machuca tanto
tantos sofrimentos
Eles dizem
Eles calculam
Esse é >
Esse é <
Mesmo assim, ela encara
Engole seus choros
Chora suas lágrimas
Sente o que sente
Conhece suas causas
Ao final
Ela guarda sua régua
Seu ardor
Sua dor
não cabem em uma fita métrica

[4/4]

2 mil quilômetros de distância
à noite, ele pensa "1 dia a -
até que eu possa lhe encontrar"
O dia a ser
eles não sabem
Mas alg1 dia há de chegar
Eles podem se sentir
se tocar

1001 noites
A sonhar
A refletir
Ele conta carneirinhos
até dormir

1 dia se passa
Mas eles é que passam
por esse 1 dia

1 dia, eles passam
1 dia chega
Os matemáticos chegam
ao seu fim
a saber que
Números não mentem
nem falam por si

[1/2]

Um corpo

Meu corpo
É um corpo

É a casa
da minha alma
Meu próprio
primeiro e último lar

Meu corpo é orgânico
Único,
em todo,
em cada marca
Meu corpo
é mais do que uma máquina

Meu corpo
é um sujeito de prazer
Meu corpo é meu
E só sendo meu
Como só sendo o seu, seu
Pode existir nele
um momento
todo nosso

Meu corpo
é o encontro de universos

Meu corpo sou eu

[2/2]

Não precisa de reformas
Não precisa seguir normas
O que tenho e o que me sobra
Me preenche e me transborda
Corpo que toco
Corpo que me toca

Meu corpo é uma figura
Meu corpo é uma capa
Carne e osso
Suor e lágrimas
Mas meu corpo
é um desafio à vista
É matéria, energia e vida

É o que está mais do que na cara
É mais do que o preconceito dita

É o que a poesia
não limita

Um corpo
é meu corpo

E meu corpo
é meu corpo

Me sinto um grão de areia
Indo aonde o vento levar

Vir à praia levou de mim alguns que amava
Me deu outros a amar
E ao fim, me sento amado
Nas costas de Mongaguá
Há um único céu
Um único amor
Um único mar

Petrificado

Dores, dúvidas, sina confusa.
Cansado, pus fim às procuras
Encontro Medusa.
Contemple.
Sou só uma escultura.

O molde ganhou forma.
Tão rápido, não pude conter
Interior denso e superfície grossa;
Leve alma, pesado mármore.

Meu esqueleto
Se torna cimento.
Paraliso meus feitos,
Minha carne segue endurecendo.

[2/2]

O sangue desacelera;
Minha pele é coberta.
É o final de uma era
Estou me transformando em pedra.

Detrás da vitrine,
Você não pode me tocar.
Uma peça de arte, forte e firme;
O tempo não poderá me apagar.

É tarde demais:
Meu coração para.
O ar nos pulmões se desfaz,
Me escampam as últimas palavras...

Memórias registradas,
Bochechas descoradas,
Lágrimas congeladas,
Sou uma obra acabada.

Estrela cadente

Queimando céu abaixo
Em contato com a atmosfera
Astro fulminante, universo vasto
Pó cósmico que esfarela

Passeio sobressalente
A mais bela das falências
Pleno sonho evanescente
Em vapor e efervescência

Tanto mais brilhante
quanto maior o escuro
Feche os olhos
E me diga seus desejos
mais profundos

E então chegada a hora
Me deixe ir embora
Com um rastro de luz

Rastro luminoso
de memória

Aos Companheiros de Viagem

———

Garota Flor

Chega espalhando a primavera
Seu perfume sempre é sinal
de algo bom
É sensível, companheira e sincera
Alegra, motiva, impressiona;
cativar é seu dom.

Há beleza em suas pétalas
Faz tudo parecer macio como algodão
Mas nem as coroas mais belas
Se igualam ao que ela carrega no coração

Bem me quer, mal me quer
Está sempre aberta
vivendo na estação da bondade
Não fere um ser vivo sequer
Em seus jardins, floresce a amizade

Planta uma semente
Em cada um que conhece
Cuida de um pomar diferente
onde luz, carinho e apoio
é tudo de que se carece.

Elo: Garoto Café

Melhoras...

Amável garota entristecida
Tenta esconder as lágrimas
Seus sorrisos sinceros dizem tanto
O que poderiam dizer suas mágoas?

Se alguém perguntar
Repetirá que é sono
Quero ajudar
Mesmo sem saber como

Não sei o que dói
Não obstante, dói em mim
Há algo que eu possa fazer?
Quero que saiba que estou aqui

Já passou, já passou
Já se recompôs
Na verdade, sofrimento nenhum passa
É a gente que passa, o vive, o abraça
A gente que sente, aprende, segue em frente

Tantas crises, tantos ciclos
A vida nos desmonta e remonta
Tanto para ver, e eu vejo muito mais apenas
sendo seu amigo
Então vai lá, vê, se lança, se perde, se encontra
Vai lá, força, amável garota

Arroz

Ouvi-lo falar, poder o ver
Saber o que acredita, o que exalta
Sua presença, você
vai fazer falta

Mais uma vez, exageradamente pensando
Não sei se descrevo o processo de maneira certa
Talvez nem tenha maneira certa; ainda bem que
como comentamos
as palavras podem estar incompletas

Conhecer algo em si é mesmo fantástico, como
diz
Obrigado por servir de impulso, pois guardo o
que escuto
Obrigado por me fazer refletir
Entender, pelo menos um pouquinhozinho, de
seu mundo

[2/2]

Você disse que queria ser andarilho
Saiba que bastante de você vagará pela minha
cabeça
Vou querer saber quando você for pra Machu
Picchu
E o que mais de legal que aconteça

Sucesso nos seus planos
Mesmo os desplanejados
Que seja incrível o que está lhe esperando
Que Deus (como eu) o tenha guardado

Pensamentos-bala

Pensament s-
bala

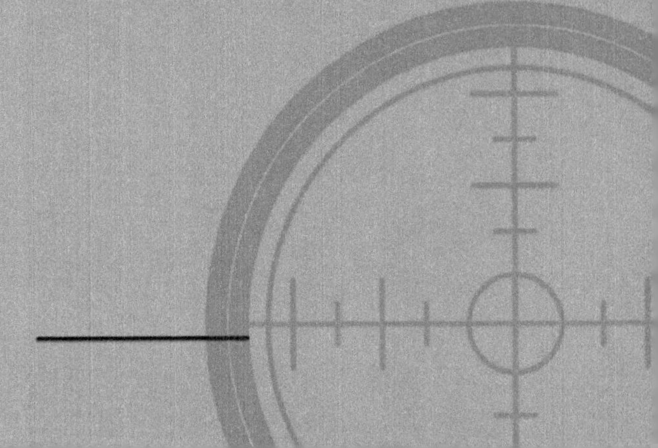

[1/5]

Leia-me

Li que nesse país
é raridade ler.
Quem lê, sabe.
Quem muito sabe,
pode até querer correr.
Porém, quem sente,
quer é recorrer.
Então, infelizmente,
aqui pouco se ensina a sentir,
tanto sentir, quanto ler.

Esquece-se o sentir dos livros,
esquece-se a leitura dos sentidos.
Entretanto, sentindo, nós vivemos,
lendo, aprendemos.
Sentir é viver, viver é aprender.
Viver sem sentir, é morrer.
E assim há quem
aprendeu unicamente
a existir para sobreviver.

[2/5]

Não só palavras são legíveis;
Não só poemas são poesia.
Lemos a vida como queremos,
Talvez com vírgulas nítidas,
pontos intransponíveis.
Interrogações irrespondíveis?
Reticências... contínuas

Reticências vazias...
Ora tão rápido
Ora lida e relida
Lida em linhas tortas
Lida sob medida
Lida em versos livres
Lida
Linda

E somos tão sensíveis
com nossos sentimentos,
que às vezes não sentimos
as insensibilidades que temos.
Viver é intenso, é dolorido,
e nem sempre sabemos
ou queremos
lidar com isso.
Quando tomamos de exemplo
um mundo tão perdido de frio,
almejamos corações de gelo,
que nos congelem no rosto os sorrisos
e enterrem na neve os lamentos.
Os choros sãos engolidos
para seguirmos em movimento,
nos tornamos nossos desconhecidos

e consequentemente nos tememos;
com medo, nos proibimos,
não tiramos os "porquês" de nós mesmos,
sem saber quão importante isso teria sido,
pensando estar seguros estando presos.
Vendo o outro em sofrimento,
o deixamos sofrer sozinho,
com palavras que se perdem, vazias, ao vento,
porque queremos falar mais do que dar ouvidos,
porque é impossível entendê-lo
tendo medo de senti-lo
e admitimos machucados apodrecendo,
desde que não sejam vistos,
sob os esquecimentos e fingimentos,
que aprendemos a fazer, ao invés dos curativos;
ao mesmo tempo, secos e sedentos,
fazemos da ignorância, o egoísmo.

[3/5]

[4/5]

Olhos nos olhos,
Alma na alma.
Na vida, caos,
No caos, calma.
Letra a letra,
lidas em voz alta,
que as experiências
mais ricas e efêmeras,
ao ficarem marcadas,
sejam eternas,
e façam gratas
nossas bibliotecas
abstratas.

Lápis,
caneta,
borracha,
folha pautada.
Tanto me adentra,
que tanto me afora,
me extravasa,
me reinventa,
em extensa
obra literária.

[5/5]

Na leitura,
busca-se cura,
pois mesmo quando o mundo
nos escreve com rasuras,
palavras duras,
que perfuram,
podemos olhá-lo fundo,
e das entrelinhas obscuras,
escrevê-lo de volta,
em comoção pura,
em reviravolta,
palavras que o mudam,
para que possamos ler
sem amargura
mesmo as torturas,
e criar nele

uma nova literatura
com novos sentires,
leitores
sensíveis,
livres,
novas procuras.

Sinta-me

NÃO SÓ PALAVRAS SÃO legíveis
Não só poemas são poesia
Lemos a vida como queremos
TALVEZ COM VÍRGULAS NÍTIDAS,
PONTOS · INTRANSPONÍVEIS
INTERROGAÇÕES IRRESPONDÍVEIS?
RETICÊNCIAS... CONTÍNUAS
RETICÊNCIAS VAZIAS...
ORA TÃO RÁPIDO
ORA LIDA E RELIDA
LIDA EM LINHAS TORTAS
LIDA SOB MEDIDA
Lida em versos livres
Lida
Linda

[1/2]

Casco

De natureza
Fino e macio

Mas já de início
Descalço
E exposto.

Por meio do atrito,
Sensível
Se torna rígido

Longo caminho
e grande esforço

Em calar dor
Calado
Se torna caloso

Sob estruturas pesadas
E pressão frequente
Ele cria camadas
E se torna resistente

A poeira
resseca

[2/2]

E pela mesma resistência
Tensão se acumula
Feridas aparecem
Revestem a pele seca
de rachaduras

Cobrir-se de toda dureza do mundo
Não pode sempre aliviar:
Não garante livramento.

Esta a lição do sangramento:
Não é possível caminhar
Sendo forte o tempo inteiro

Tratado
como se deve

Esfoliado
Troca de pele

À medida que amolece
Suaviza

E rejuvenescido
Nutrido

Cresce

Cicatrizes

Todos têm uma história para contar;
Vontades, lembranças, motivos...
Todos temos feridas para tratar,
Provas de que estamos vivos

Cicatrizes são assim
Indicam de onde viemos,
mas não ditam para onde vamos.
Elas significam que sobrevivemos
Marcam o que superamos.

Em meio aos prazeres e às dores,
Encaramos o todo emotivo

Sentimentos são transformadores
Precisam
ser sentidos

Pomar pessoal

Às vezes precisamos enfrentar ferrões para
obter o mel
Manter o coração aquecido em pleno inverno
Lembrar que as árvores que alcançam o Céu
Tem raízes tão profundas quanto o Inferno

Que a trilha da vida é mais proveitosa
Quando fazemos dos sonhos um caminho

Que a beleza das rosas
Pode fazer valer
a dor dos espinhos

Imperfeitos

É fácil querer alguém que aparenta só
habilidades
Alguém que não conhecemos direito
Mas quando formamos verdadeiras amizades
É porque admiramos alguém por inteiro
Por seus dons, suas falhas e peculiaridades
Afinal, é disso que todos somos feitos
Tão únicos, com tantas variedades
No fundo, talvez as imperfeições sejam o que
temos de mais perfeito
Pois gostamos das pessoas pelas suas qualidades
Mas as amamos por seus defeitos.

Paraíso em Terra

Os dias poderiam ter mais brilho,
Poderíamos admirar qualquer rio,
Admirar qualquer montanha.
A mãe-terra não sofreria por seus filhos,
O futuro não ficaria por um fio,
Repensaríamos nossas artimanhas.

Se as cores do arco-íris fossem espalhadas pelo
vento
Ao invés do cinza do progresso
Proteção coubesse no orçamento
Tão bem quanto conforto e luxo em excesso...

Se o aquecimento do globo
Fosse pelos nossos corações acalorados
Se cuidássemos um do outro, não só do que é
novo
Mas também dos recursos que já nos foram
dados...

Se percebêssemos o que há ao redor
Se notássemos que sem isso sobra nada
Se pensássemos melhor, nos víssemos em algo
maior
Saberíamos que tudo volta, que nossa conexão é
ilimitada

[2/2]

Cantaríamos com as vozes do diverso
Ouviríamos o ambiente, lembraríamos sua
canção
Entenderíamos o ciclo do universo
Desenvolvimento não significaria destruição

Assim será, quem sabe, um dia;
A riqueza não será mais representada por papel.
Dinheiro não valerá mais do que a vida,
Enxergaremos o paraíso abaixo do céu.

Arco-íris nosso

As mãos azuis
Azul de caneta
Tão mais belas
que as mãos vermelhas
Vermelho tormenta
que escorrem sangrentas
Escrevem
tragédias negras
vidas cinzentas
Quem dera
Tivessem caneta
Escreveriam
em tão belas cores
Céus azuis
Sonhos violetas
Verde esperança
Almas douradas
Transparente pureza.
Dos tantos problemas,
Escreveriam
A diferença.

Queria que tivessem a sensação de estar do outro lado. Ao menos, que pudessem entender a gravidade de ser ou ter alguém que amam sendo ameaçados.

<u>E m p a t i a</u>

Eu ti ficaria

Enquanto as mais importantes coisas acontecem
dentro
Somos classificados pelas que acontecem de
fora
Não surpresa: quando muitos se sentem
perdendo,
uma única perda tanto mais importa.
Mas a perda dos outros em si mesmo
É o começo das nossas derrotas

Vivemos em sistemas
punição-recompensa
Então quando alguém pensa
Não sofrer consequências
Simplesmente se aproveita
Pois lhe disseram "tema"
E se ele não teme, ele não respeita
Mas medo nunca foi respeito
Medo está para fuga ou luta
E respeito está para convivência.

Sei que ainda nos feriríamos
Mas imagino, imagine,
não seria maravilhoso
não seria incrível
Se não nascêssemos já quase inimigos?
De um lado, de outro,
marionetes do maniqueísmo
podemos ser melhores do que isso (?)

Soa fácil quando tudo se resume a certo e errado
Mas não se engane: é de madeira o cabo do
machado
É contra o ser humano qualquer um que tente
padronizá-lo

Nós o perdemos e alguém se perdeu
Pela barreira que nenhum de nós rompeu
E quanto mais se perdeu, se perderam
Porque isso aconteceu?

Desejo que haja amor capaz de pagar esse ódio
Porque poderia ser você, poderia ser eu
Porque corremos perigo de nos tornamos
perigosos
E poder ir contra o que a História nos deu
Pode ser a única prova de serem nossos, nossos
próprios propósitos

Por que tenho que lidar com problemas que não
são meus?
porque temos que lidar com problemas que são
nossos.

Quando cada um olha pra si,
ninguém olha por todos
Quando nos olhamos,
todos olham todos
e ninguém deixa de ser visto.

Nossa maior pureza
É sermos todos mistos

A entidade

Com quantos paus se faz uma canoa?
Quantos são necessários para trocar uma
lâmpada?
Para trocar uma ideia,
para levar a uma escolha?
Para fazer a façanha?

Quanto "quantos" e "quão grande"?
Quantos protagonistas
não contam toda a narrativa?
Quanto esquecimento tem uma lembrança?
Quanta humanidade tem um humano?
Quão presente é o passado?
Quanto importa a importância?

[1/2]

Ser

Quanto mais elevamos a voz
Menos significado tem o que dizemos
Construímos tantos muros ao nosso redor
Que sequer lembramos o que estamos
defendendo
Tentando nos proteger, preferimos estar sós
Nos perdemos do que amamos, de nós mesmos
O medo se torna o caminho, o bem maior
Logo tememos o terror a que nos oferecemos
Mas nenhum temor é mais feroz
Que o de ousar vencê-lo

Gritamos antes de falar
Julgamos antes de entender
Batemos antes de tocar
Compartilhamos o mesmo sofrer
Mas atrás das camadas de mágoa
Temos o que o vício não pode corromper
Antes dos desgastes e desgraças
Somos o melhor que podemos ser:
Crianças humanas, curiosas, esforçadas
Tentando descobrir o que é viver

[2/2]

Somos tão livres quanto responsáveis
Nos damos as chances que achamos merecer
Tão amantes quanto amáveis
Liberdade e amor nos fazem crescer
Nossos conflitos são inevitáveis
Mas se nos pertencem, podemos resolver
Juntos seremos insuperáveis
Nem o pânico poderá nos conter.
Se nossos mundos se completarem
Estaremos além dos justos, dos iguais ou dos
estáveis
Porque em vez das certezas, as diferenças serão
prazer
Seremos essência,
seremos em verdadeiro ser.

Junto

Triste:
Silencie
ou grite.
Hora ou outra,
só imite;
se limite.
Fique
ou se retire.
"O que existe
é como existe."
Foi isso que disse...
quem mesmo?
Quem disse?
Ah, nós mesmos,
a nós mesmos.
Nós dissemos:
"Desiste!"
e desistimos do mundo;
era "Insiste!".
Era, no fundo.
Quem dera,
não nos fizéssemos de surdos
ou decidíssemos ler
nossos próprios
contos soturnos,
nosso histórico
denso e profundo.
Ou então, quem dera poder
apenas ver

além da desgraça em tudo,
que se é só,
só não há viver,
não há homem ser
e se junto há escuro,
junto há acender.
"Junto".
Mais junto,
menos sofrer.

[2/2]

Os marginais

São tempos difíceis

Corromper-se em um sistema corrompido
vem a nos parecer puro evolucionismo:
sacrificamos nossas melhores partes para seguir
vivos,
suportamos o insuportável, pensamos ter
sobrevivido,
deixamos as piores nos matarem ao longo do
caminho
e ignoramos a extinção lenta e dolorosa pela
qual decidimos;
tão fortes quanto autodestrutivos.

Materialista psicológico

Envoltos em frieza
Seguimos com certeza
De que nem tudo é só coisa da nossa cabeça
Não os indivíduos, mas a sociedade inteira
Carrega doença

Eu mudo;
Me mudo;
Mudo muito;
Me continuo
contínuo;
Meus mundos hão de se adaptar.

Mudado,
tenho um novo discurso;
estou no fluxo
Mas se algo eu puder manter,
que eu mantenha
o mantedor do meu viver;
Que eu não emudeça
ao falar de amor:
A amar
e amado,
e amando,
mude
o que só o amor
pode mudar.

Mais

Me diz,
é demais
querer mais?
É demais
dizer não?
Achar demais
aceitar?
É demais,
revolução?

Belo

Moda. Estética. Uma ditadura rigorosa;
Medidas e Números. Elegância e pressão.
Regimes. Cirurgias. Uma perfeição dolorosa;
Doença e medo. Mídia e ilusão.

Para sempre vozes serão ouvidas,
Mas até quando falarão tanta tolice?
Sorrisos plásticos, imagens distorcidas...
Isso é bom, isso não. Quem disse?

Aos olhos importa a aparência,
Mas existe um parecer melhor
e mais profundo;
Só o coração enxerga a essência,
Só a essência revela a graça de um ser,
de seu mundo.

O admirável do corpo
Está na liberdade da alma,
Quando o sorriso no rosto
Não esconde mágoa, expressa calma.

A harmonia está no diferente,
Em todas as formas, detalhes e maneiras.
Faz do espelho um mero enfeite.
Na aceitação estão as reflexões verdadeiras.

[2/2]

Se existisse um padrão a ser seguido,
A beleza de ser único não existiria mais
Ninguém seria bonito,
Todos seriam iguais.

Transmita o que tem de mais amável
Seja a melhor versão de si
Pois verdade seja dita
Bonito é ser saudável
Bonito é ser feliz.

Fé no respeito

Não importa se acredita
em Jesus, Messias, em Alá
Seja lá quem for o ser superior
De certo, ele prega o amor

Ninguém pode tirar
O direito de outro de uma crença abraçar
Erro crasso, discriminação
Tratar mal o próximo por religião

De onde vem essa intolerância?
Certamente, é filha da ignorância

Não é preciso concordar com cada religião,
nem ter uma atitude rancorosa
Mas se faz preciso sonoro "não"
à intolerância religiosa.

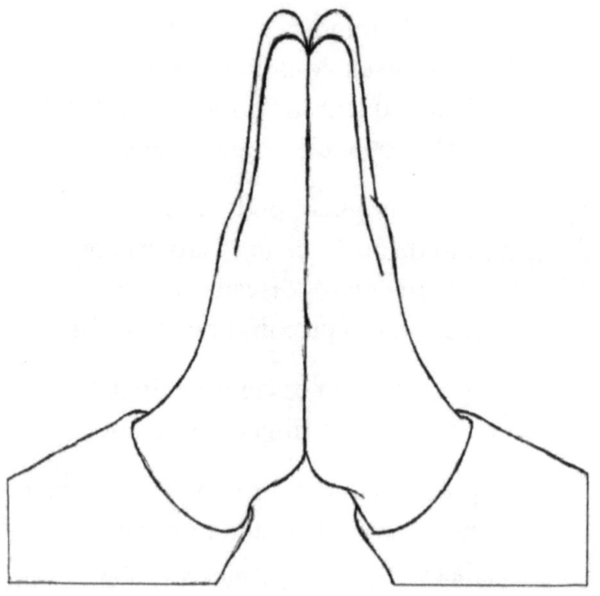

Queira
Igualmente me respeitar
Se minha percepção íntima
de masculinidade

Com facilidade
se afastar
do bruto
do agressivo
e do **bélico**

e se aproximar
do refinado
do sensato
e do **ético**

Do capaz
de se relacionar
polida
e sensivelmente
a tudo que a vida tem
de **belo**

[1/2]

Ai, ai, esse sexo
Que é ou reprodução ou pecado
Ou cômico ou safado
Impróprio, impuro, errado
Vulgar, problemático

Ai, ai, esse sexo
Deformado
Não vívido
De malgrado

Não te soa
piada de mal gosto

Ter posto
o que gera vida
como vergonhoso?

Se essa cultura
Se essa cultura
fosse minha

Carne
Natureza
e prazer

Longe do imundo
Seriam só fatos da vida

[2/2]

Se as realidades
Se as realidades
fossem outras

Como queria eu

Que a cultura não adoecesse o sexo
Negligenciasse os sentimentos
e objetificasse as pessoas

Barco Brasileiro

Caos! | Socorro!
Eis o Brasil | Buscamos
Grandioso navio | Precisamos
Perdido no oceano | de um porto
Navega em região hostil | Já cansamos
Procura aflito por um desvio | e abandonamos
E vê seus recursos acabando | a zona de conforto

Esse clima de confusão já alcançou toda a tripulação
que tenta encontrar o caminho em um redemoinho de opinião.
Ao invés de observarem a bússola, o astrolábio, o céu estrelado,
se matam no convés, não veem através do momento delicado.
Esse navio só terá um rumo se trabalharmos em grupo
Mantendo a esperança, apesar de tudo.
Restou para todo mundo
Evitar o fundo

Incêndio verde-esperança

Esse país se modifica,
Se reinventa num país de países
País natureza rica
País roubalheira única
Até país que ninguém quer ver
Ainda há de se multiplicar, de tanto se dividir
Ainda há, de tanto falar, se ouvir
e ser uma país onde menos se diz
"Aprendi assim.
Se é assim
para mim,
é assim
e fim."

Colaterais democráticos

Primeiro, você intimida todos para ter deles a
atenção
Porque vão lhe tirar seus benefícios,
vão influenciar suas criancinhas,
vão te roubar,
Deus é contra
Depois, você incita o ódio para canalizá-lo longe
de você
E como a maioria vence,
você tem que fazer parte da maioria certa
Se eles ganham
Você perde

Mas nem quem ganhar
Nem quem perder
Vai ganhar ou perder
Vai todo mundo perder

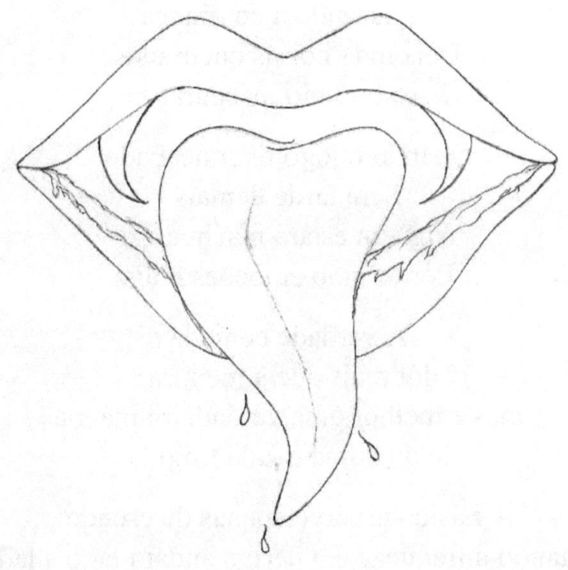

Mentiras

Brincando com as palavras
Arriscando a confiança
Deixando coisas quebradas
Estruturando insegurança

Quando o jogo tiver acabado
Será tarde demais
Alguém estará machucado
Por ter tido emoções reais

A verdade contada
dói mais que a mentira,
mas é melhor uma verdadeira mágoa
do que uma risada fingida.

A falsidade serve apenas de escudo
Quando a fraqueza e o perigo andam lado a lado
O mentiroso pensa estar protegido de tudo
Mas é só um de seus enganados.

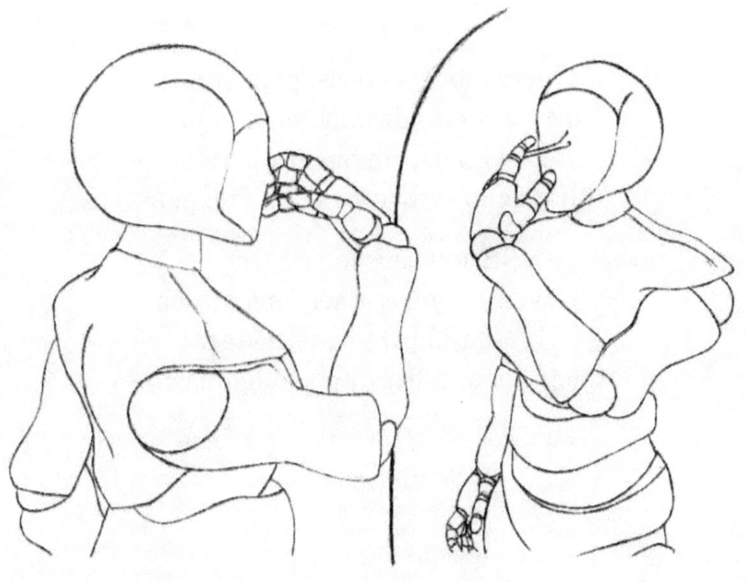

Queria notícias boas, para variar
Tantas pessoas dizendo tantas coisas,
não sei mais em quem acreditar
Apocalipse de informação, você veio para ficar?

Estou cansado de ler
Talvez eu pudesse ser uma mosca
E estar lá para de fato viver
E quem sabe, achar que sei alguma coisa

Queria
Notícias boas

Ilusões da verdade

Verdade ou ilusão?
Fato ou opinião?
Quem terá razão
em meio a tanta informação?

Hoje, é certo
Amanhã, está errado
Somente é totalmente incerto
Aquilo que não é repensado.

Vivemos em um mundo instável
Onde nada pode ser dito inacreditável
A verdade é uma ficção
Muitas vezes dita em vão.

DAILY NEWS
TOP NEWS
EXTRA! EXTRA!
GOOD NEWS

Rodeados
Mas sozinhos
Um vício maldito
A maioria de nós
Sabe como é isso

Solidão moderna

Num delírio controlador

O que a modernidade fez

Foi nos aprisionar

Nos roubar o tempo

De aprender a amar

E massagear nosso ego

Dizendo que não era necessário

Se atrever a

Obsolescentes programados

É o século XXI, querido

Vazamos, líquidos

A obsolescência é programada

Nada é feito para durar

Nem relacionamentos

Nem empregos

Nem eu

e você.

Dissolvemos no ar.

Pra que Arte?

O século XX
Enterrou o Iluminismo

Quando a tecnologia
Nos levou pro
abismo

E nossos problemas
Não foram resolvidos
pelo racionalismo

Países do mundo todo guerreavam
Nosso senso de humanidade decaía
E dadaístas se perguntavam
Que arte esse mundo merecia

Mais tarde, Adorno se perguntou
se depois de Auschwitz
ainda era possível escrever poesia

De fato
Que formas de cultura
São possíveis

Quando o mais forte centro
de um período tão antropocêntrico
Foi o centro
da mira
de mísseis?

[2/8]

Prometeu foi punido por Zeus
ao fornecer ao homem o fogo
Existe algum terror na civilização
tê-lo tornado tão poderoso

Incendiamos em vão
E é tão vergonhoso

Em depressão
Santos Dumont se enforcou

Era doloroso
Que sua invenção
O avião
se tornara
instrumento
de destruição

Pesadelo
Nascido de um sonho

Pessoas tinham a companhia
de filmes e livros
quando o contato vista a vista
foi tragado pela pandemia

Ainda há pouco
Um quadro de Van Gogh
Foi coberto de sopa
Com a pergunta de uma ativista
Se vale mais
A arte ou a vida

A fome atinge
Milhões de famílias
Não há arte
Deixamos
pra morrer
o artístico
e artistas

Não há muito
A censura
E o exílio
Faziam vítimas

Não há muito
O Secretário da cultura
do ex-presidente
referenciava,
em discurso
e música,
nazistas

Como o horror da guerra em Guernica
Nossos símbolos vêm a ser a cultura refletida

É como o tecido social invoca
Às promessas da semiótica
o inconsciente coletivo
de forma representativa

Mas que dor
que um consciente
cruel
nos domina

Se o mundo nos rouba a fé
Ao menos a imaginação nos alivia

E então,
quanto aos artistas?

Renato Russo não faliu a Coca-Cola
Como Chaplin não deteve o fordismo-
taylorismo

Símbolos de resistência se tornaram moda
e o lucro não foi enviado aos oprimidos

Michael se foi
Ainda não se importam conosco

Fábio Brazza
se intitulou
só mais um louco

[5/8]

Cazuza
ficou
doente

E Winehouse
definhou
na nossa frente

Tiago Iorc abriu a conversa
sobre o masculino

Mas deram ouvidos
ao coro de imbrochável
do chefe do poder executivo

Isso tudo
é parte do show

Ana Vilela nos lembrou o que realmente importa
E depois o Trem-bala nos atravessou

Moisés morreu
E o Carrefour não foi fechado
Cobriram o corpo de guarda-chuvas
por todos os lados

Chico Buarque teria nos alertado
Que ele morreu
atrapalhando o mercado

[6/8]

Lennon não nos deu
a paz mundial

Manu Gavassi
não cessou as engrenagens
da Indústria Cultural

Meu pai me assistiu atuar em Os Saltimbancos
Mas queria a volta da ditadura

Os mais brilhantes
Tem hoje grande luta
Sempre à frente do tempo
pertencerão às gerações futuras

Lapidadas no lírico
Nossas dores são ainda verdadeiras

Lavo o rosto
Preenchendo folhas inteiras

Ninguém muda nada com lágrimas
Mas se é humano, vez ou outra
Há de chorar

*(Porque há o direito ao choro
Então, eu choro.)*

"A arte existe
Porque a vida não basta"

Greves escolares de garotas suecas
E choque com a prisão de ambientalistas

Não mudam
de pronto o mundo
Mas incomodam

Se obras de Di Cavalcanti
são atingidas

A justiça poética
Se encarrega
de que exista prisão
Para os golpistas

Se legado é (ele é)
Mais que uma baboseira
capitalista

Lembrarão
A catarse possibilitada
Em seus piores dias

As angústias suavizadas
A solidão diminuída

A estranheza acolhida

E nós lembraremos,
Artistas,

[8/8]

Que mudamos
talvez pouco o mundo

Mas muito
vidas.

*"Eu escrevo sem esperança de que o que eu
escrevo altere qualquer coisa. Não altera em
nada...*

*Porque no fundo a gente não está querendo
alterar as coisas. A gente está querendo
desabrochar de um modo ou de outro..."*

(Clarice Lispector)

Doses Homeopáticas

Nossos vícios são internos
A arte é um lugar sagrado

(Tão mente)

Tão somente
Só a mente
Sua mente
Tão semente

Penso, logo existo?
Penso, penso, penso... Reflito.
Penso se meus pensamentos têm sentido
Penso em estar tão pensativo

Sonhos

Meus sonhos são a interseção
Entre a ilimitada imaginação da minha cabeça
E o ilimitado amor do meu coração

Exvazio

Quando me esvaziam,
esvazio o vazio
até que os versos se encham,
me encham,
de mim
mais uma vez.

Estou indo
Não sei aonde
Mas ainda
Vou longe

Recuo

Recuo
Para dar as costas
e ir embora

Recuo
Para ver melhor,
do lado de fora

Recuo
Para pegar impulso
e reestabelecer a rota

Combustão espontânea

Meus corações de papel se rasgam
Incendeio a biblioteca
As chamas consomem as páginas
Minha histórica seca

É fogo contra as lágrimas
Meu coração sangra tinta
E minhas verdades esburacadas
Tão deixadas às traças
Queimam como as mentiras

Preto, branco
Vermelho
E cinzas

À prova de fogo

As chamas consomem de tudo?
Apenas restam cinzas?

Por favor, não me diga
que é somente isso
Não me diga
que foi tudo consumido

Ou eu nunca poderei acender uma lareira
Ou lidar com outros incêndios

Meus pensamentos
em estado paliativo
Sou ao mesmo tempo
Morte
e médico
Médico e monstro

E meus monstros
se escondem mais na luz
Do que no próprio escuro

Serial Killer

Há um assassino entre nós
Nós nós nós nós nós
Ele cortou nossas roupas
Ele ateou fogo à casa
Ele encheu de álcool
os baldes de água

Construto

Posso eu
Amar-me para me odiar
E me odiar para mudar
Até que volte a me amar?

E nessa travessia
O que ousaria
escapar
do meu olhar?

Pontos cegos
Me fariam deslizar?

Há, afinal
No fundo de meu jeito
algum defeito
Que sustente
o edifício inteiro?

Perigoso defeito
Que
Nunca se sabe
eu não possa
cortar?

Posso eu
Odiar-me para me amar?

In*eu*xplicável

De tudo que poderiam fazer por mim agora
Me entender seria a mais amável
Mas eis o dilema
Não sou explicável

Tem atirado areia em meus olhos
Grãozinhos-inhos . . .
Mas ainda podem me cegar

Pequenas coisas

Eles dizem para
Ser feliz pelas pequenas coisas
Sem ficar triste por elas
Sem se abalar
Mas ao fim do dia, só temos pequenas coisas
E pequenas coisas também fazem chorar

Pequeninas farpas
penetram
encravam
inflamam
sangram
e marcam

Doce Melancolia

E a saudade massacra...
Vem e não passa
Me pega, me arrasta
Me abraça, me acolhe,
resgata

Emopensativo

Ainda vou sentir esse sentimento,
mas posso pensar,

                    e como penso,
diferentes pensamentos

Fracasso

Sim, eu caí
da nuvem mais alta
no concreto.
Contudo, sobrevivi
e meu coração ainda salta
rumo a céu aberto.

Prometido

Sou uma promessa
prestes a ser cumprida
ou quebrada
Uma promessa é o que sou
Tenho medo da mentira
Tenho medo da verdade

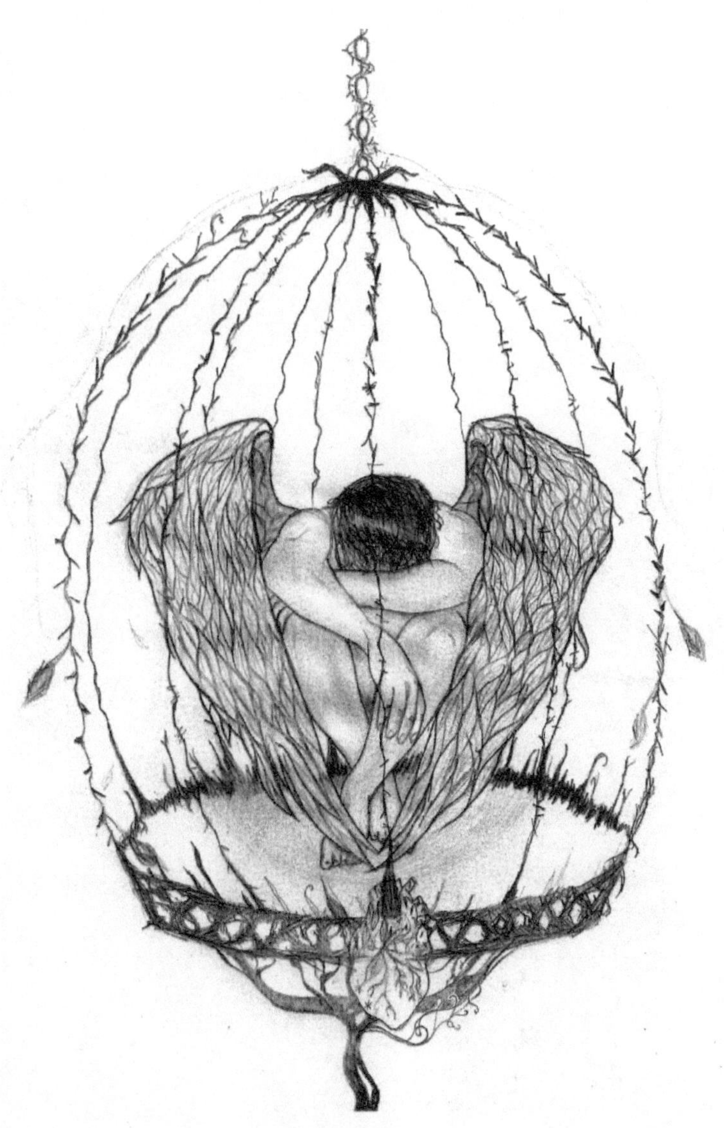

Elogiavam a grandeza de suas asas

Mas não sabiam o tamanho de sua gaiola

Admiravam a
grandeza de suas asas
Sem saber o tamanho
de sua gaiola

Coração alado
Tão dura tortura:
estar preso ao chão
e sonhar com as
alturas

Cárcere privado

Nada é tão egoísta para com a pessoa que diz
amar
quanto jogá-la no **seu** mundo de sonhos
e tentar obrigá-la a ficar.

Próprio

Sou pessoa
não posse
posso o que posso
não pode
me podar

Adrenadia

Dia a dia
adia, adia

Lutar
ou fugir
Fugir
ou fingir
Fingir
ou morrer
Morrer
pra viver

Vozes demais
Qual escutar
Qual dizer
Eus demais
Quem ser?
Quem é você?

Saudade de mim

Buracos na minha cabeça?
Lacunas a se completar
Não que eu tenha esquecido
Só deixei de lembrar

Acumulador

Às vezes é mais fácil ver o que está dentro
Ao se olhar atentamente para fora
E no fora encontrar concentrados os
sentimentos,

Nos firmes registros, as virtudes que não irão
embora

Te capturo

Assim, quem sabe
Posso te conceder a chance da fuga
Sem que para isso
Você perca a chance de ficar

A vida passa e não posso agarrar
Nem todo o meu controle poderia fazer
o tempo parar

Amanhã de outro Hoje

E os dias passam...
Apaixonado pelo que tenho hoje
Para me apaixonar pelo que terei amanhã
Só amanhã
Outro hoje
Pra outro amanhã

Trabalho Gregário

A um atendente
a um entendente

Boas-vindas a um dia novo
Seu trabalho não nasce pronto
E para conhecê-lo
É preciso conhecer o outro

Inencaixável

Entre continuar me quebrando
e consertar um sistema quebrado
optei por recolher meus pedaços

para que o preso, sufocado
seja íntegro em seus próprios espaços

Habeas Corpus

Não me prenda,
que eu me solto até sem querer.
Me deixa, eu sempre volto:
é livrar para ver...

Aprendendo...

Tanto vivi,
tantos momentos;
o que na hora
não entendi,
agora
entendo.

Grafiabio

Às vezes, penso que
a vida
me inspira
a escrever.
Mas francamente
quando escrevo,
percebo:
é diferente.
É a escrita
que me inspira.
É escrever
que me inspira
a viver.

Veia artística

Todo dia,
um novo membro na família
Inspirações mães
Ideias irmãs,
projeções filhas

Minha arte é um jogo sem regras
Uma brincadeira
Expressão livre
e verdadeira

O pequenino Será

Meu bebê nasceu ontem
e eu renasci como pai
a partir de ontem à noite
a vida se encheu de vida
o amor se encheu de amor
e o que foi
o que veio
se encheu do mais
vívido
amoroso
e sublime
"Vai".

Leito

A alma desmorona, a carne descansa
Deito como se restasse apenas pó
Repouso o corpo sobre a cama
Eu e ela nos tornamos um só

Os sonhos vêm e com as fantasias dançam
Ao som do silêncio, reencontram sua voz
Falam mais alto do que as diárias cobranças
A noite serena acalma os gritos do dia feroz

Boa noite.
Durma bem.
Bons sonhos
Bom descanso.

Ok, eu sei que sempre me apego
E a vida se assemelha
a algo em que simplesmente
escorrego

Mas parece que os términos
em si
São tempos belos
Será que estavam certos
Os que diziam que tudo termina bem
E se não ficou bem
É só que não terminou
não ainda

Atravesso

A vida é sobre
criar hábitos
Que ajudem a criá-la

Sobre ter cuidado
Com aquilo a que a gente se acostuma

Dividir em partes menores
O que for grande demais

Significar
Cada passo

Fazer
E aí saber
Que é possível

Clichês Românticos

———————

Pois sua vida
É uma vida amorosa
Quando se usa
Óculos cor de rosa

Romântico típico

Aos 14
Escrevendo sobre amor
Sem saber o que significa

Como clássicos fizeram
Espelhei a indústria da cultura
Até o cupido me pôr em sua mira

Até entender na pele
Experiência essa
que dá à vida
tanta fantasia

Por que nos sensibiliza
a esse tal ponto
de encharcar a mitologia
Pôr a produzir
filósofos e artistas

Até ter em vista
que o amor inspira
Mas não sem custo

E verdade seja dita
Sejamos justos
a flor da idade
clarão da vida
Não sem custo

é passe livre
Pra ser imaturo

Uma adolescência apaixonado
Terá o preço de algumas madrugadas
de choro jovem adulto

A saber
A juventude engendra
ideais profundos

Inconcluso
Como é isso?
Vasto mundo,
Eu digo

Sem educação sentimental
Seguiremos um ciclo repetitivo
Psicanalistas continuarão atendendo
quadros parecidos

Direi como é isso

[3/5]

Fácil ou difícil
Um autoconhecimento mandatório
será construído
Posto que o desejo
é subjetivo

O medo de perdê-lo
Fará parecer nada
o medo trivial
de ficar sozinho

Em algum tipo de transe
A vida parecerá
ter sentido

Sorriso
E ele
é o motivo

DR-pós-DR
Serão casos resolvidos
E já não duvido

Que o diálogo
É mesmo
requisito mínimo

[4/5]

E quando a dor
do destino
é impossível
O intimismo
Mantém algo
em você
vivo

Teremos visto
O término vindo?

Nada como isso
é contrato vitalício
Cairemos vítimas
de nosso vícios

Será uma pena
Mais um caso
de amoricídio

Lágrimas
E ele
É o motivo

Nosso aconchego
perdido
Guardado
num registro

[5/5]

Peça
de museu mental
que visito

Como é isso?
A bondade humana
O amor perfeito
A morte trágica
A utopia

Como é isso?
É o escapismo

Romântico
típico.

Como é isso?
Vívido
Dolorido
Único.

O romântico
típico.

Versos fraternos

"Você é minha melhor amiga
Meu par perfeito
Minha melhor tentativa
Meu maior acerto"

Minha primeira paixão
Minha confidente mais antiga
Minha reconhecida conexão
Minha conversação fluida

Meu encanto afetivo
Minha admiração cristalina
Meu abrigo compreensivo
Minha gratidão genuína

Meu amor platônico
Minha amizade agraciada
e ternamente nutrida

Meu afago tônico
Meu desabafo intimista

[1/2]

Louco

Emoções gritando
No meu coração silencioso
Minhas defesas desmoronando
Toda vez que eu vejo seu rosto

Descontrolados como um furacão
Estamos brincando com fogo,
Curtindo essa estranha sensação
De por sentimentos em jogo

Estamos perdidos
No lugar que criamos juntos
Estamos perdidos
No nosso próprio mundo

Me rouba o fôlego
Me faz suspirar
Me rouba inteiro
Me dá motivos para ficar

[2/2]

Você me deixa louco
Meus sonhos se tornam realidade
É, você me deixa louco
Mas mantém minha sanidade.

É meu vício
Minha droga mais pesada
E mesmo quando tudo fica difícil
Não te largo por nada.

Porque eu te amo
Sei que também se sente assim
Porque continuo me apaixonando
Sei que foi feita para mim

Bola no pé, vuvuzela na mão
Torcendo por ti, desde quando te vi
A atacante no campo do meu coração
Seus dribles em mim, goleada sem fim
Pegou o cartão verde
sem permissão

E ainda assim, me faz sentir
Que sou seu, **seu campeão**

Sereia

Mergulhe em mim
Minhas ondas, só você consegue atravessar
Nade até o fundo, fique até o fim;
Você é a única que entende meu mar.

Sou um mar dentro de uma garrafa
Dê-me forças para enfrentar a correnteza
Quando a dúvida me transborda ou me abafa
Você me retoma, é minha certeza

Apanhadores de sonhos

Por você, digo que acredito
Que o destino será nosso amigo
Diga que cairíamos unidos
E sonhe
comigo.

Inspiração da Alvorada

Quando eu senti culpa, você me deu piedade
Quando eu tive medo, você me deu coragem
Quando meus sonhos dormiram, você os
acordou
Quando eu me odiei, você me amou.

Afinal, feliz

Quero um anel com nossas iniciais
Porque quando eu pensei estar acabado
Você me fez ir além dos finais

Metafísico

Onde quer que esteja
Do outro lado da tela
Ou no meu abraço,
queira assim o destino
Esteja comigo

[1/2]

Partida

Lembra quando nós choramos?
Quando contamos tudo?

Prometemos
enfrentar o mundo juntos

Eu nunca esquecerei
do dia que você foi embora,
pois não esqueço de tudo que houve antes.

Eu nunca imaginei
que chegaria uma hora
em que estaríamos tão distantes.

Não importa o que eu faça,
não importa para onde eu olhe,
a única coisa que posso ver é você

A saudade nunca passa.
As lembranças me acolhem.
Não há nada a que eu possa recorrer.

E eu sei que você nunca quis
que eu me sentisse assim
ou que as coisas tivessem um fim

No fundo, no fundo, permanece aqui
dentro de mim

[2/2]

Então vá
Seja lá para onde for
Cansei de me perguntar o porquê

Simplesmente vá
Leve meu amor

Coisa única que nem o tempo
pode corromper

A gratidão por ter acontecido
supera a tristeza por ter acabado
Nada é tempo perdido
E o caminho está dado

E se ainda podemos
sonhar
Talvez nos sonhos,
possamos nos encontrar.

Se só resta pelo futuro esperar,
talvez até que ele chegue,
tudo acabe por mudar
talvez exista outra chance,
outra história,
outro amor pelo qual lutar.

Pausa

Talvez precisasse doer
Precisasse ser assim
Do frio e silêncio...
Para dar tempo a você
Dar tempo a mim
Tempo ao tempo

Lembro como é estar sozinho
Sozinho sem estar solitário
Trato a saudade com carinho
Com o carinho necessário

Ainda motivado a sonhar
Sonho em testemunhar a volta
Não estou disposto a me entregar
Eu não vou embora

Que o amor permaneça
Eis a minha salvação
Não sai da minha cabeça
Nunca sairá do meu coração

Talvez precisasse se conter
Precisasse haver um fim
E então um recomeço...
Para dar chances a você
Dar chances a mim
Superaremos

Notas
Você

 [1/2]

Quero estar perto de você
01:06

Quero te abraçar
01:06

Quero ficar mais forte
01:06

Pra poder fazer isso
01:06

Mais forte por você
Mais forte pra nós dois
01:07

Eu quero
01:07

Você
01:08

Como eu queria
Que por doce ironia
01:08

Você me quisesse
01:07
da mesma forma
01:07

Talvez você me queira
Tanto quanto eu te quero

01:14

Talvez você me queira
Exatamente como estou
Como sou
Agora
Como eu te quero
Da mesma forma

01:16

Mas talvez saibamos ambos

01:16

Que precisamos estar prontos

01:16

E não é sobre o que desejamos
Mas sobre o que precisamos
Agora

01:17

Te terei

01:17

Um dia

01:17

Memória fotográfica

Preso nos meus flashes mentais,
abrindo singelos sorrisos

Talvez fosse conveniente esquecê-lo;
mas esqueci o "pra quê" do esquecimento;
momentos, ideias, bobagens, seu zelo...
eu ainda me lembro.

Falta

Me falta você
o dia todo, todo dia
Seu calor a me aquecer
Sua mão na minha

Não há como correr
fugir das memórias é fugir da vida
O que aprendi, não vou esquecer
O que não vi, a saudade me ensina

Noites chuvosas e frias
Nevasca em meu amanhecer
Meses parecem dias
Ainda me falta você

Falsas memórias

Partiu pra sempre
por puro prazer
Prazer descontente
de me perder

E me perco mesmo
nesse tempo
em que entrelaçávamos
os dedos
Em nós, presos
pelos movimentos
Hoje longe
Sinto outro aperto
As mãos, os encaixes perfeitos
Me fazem, você me fez
Preso naquele momento

Lembro de um amor
inexistente

Me emociono com coisas que não estão
acontecendo
Mas estão acontecendo por dentro

Não há controle
Então decido não conter
São memórias que nunca tive
mas que queria ter

Desapego *(vti)*

Queria saber se você realmente se importa

Mas embora quisesse tanto,
percebi que até o querer se esgota

Desculpe ter esfriado
após perder o calor do seu abraço

Então isso é desapego?
De algum jeito,
ainda acho que dói
mas não tenho mais medo

Desapego não é desamor

No futuro,
quando houver
outro eu, outro você
quem sabe
a gente se esbarre?
...

Polícia e Ladrão

O homem de preto
Atirou no meu peito
O dono do beco, o cupido negro
Cometeu o crime perfeito

Me apaixonei por um criminoso
Cúmplices de um amor errado
Escondidos no escuro, silencioso
Escancarados ao pecado

Um prazeroso algemar
Uma operação de sucesso, um bom comparsa
Juntos, uma prisão domiciliar
Na minha casa

Um par de foras da lei
Apenas suas mãos me prendem
Não sei se me arrependerei
Fui livre nas mãos que me entendem

Tenho mais que o direito de ficar calado
As palavras foram levadas no roubo
Podem me julgar culpado
Eu faria de novo e de novo

E ao que depender de mim
Ele não vai para a prisão
Vou deixa-lo fugir
Com meu coração.

Fica

Me acostumei a me conter.
Dentro as vozes vão se misturando
E por fora eu paraliso pensativo
Parece que não tenho nada a dizer...
Mas a verdade é que tenho tanto
Que me perco no não dito

Pouco a pouco
Pode me ver aberto
Gosto mais de mim
Com você por perto

Pouco a pouco
Então fica
Eu preciso de você
Mais do que você imagina

Garoto Café

Garoto café,
Você me faz perder o sono
Eu e você, boto fé
Juntos, sempre, não importa como

Você está me viciando
Eu só não consigo evitar
Meu cérebro segue pirando
Em tudo que você tem a mostrar

Mesmo se começa amargurado
Sei bem o quanto na verdade é docinho
Acerta o ponto do meu paladar refinado
Sua bebida faz meu tipo

O que eu sei é que sua energia contagia
E ela faz meus olhos brilharem
Você chega, dá um "up" no meu dia
Deixa os estímulos me acelerarem

Sei que se eu esfrio, reaquece meu coração.
Embora por ironia, eu nem mesmo curta café,
Você é você, me deixando ligadão
E me cai bem pro que der e vier.

Elo: Garota Flor, Menino Água

Referência: coffe breaks (Vol. 2)

Amo a forma
como você não vê razão
As vezes que peço perdão
Entre outras
Por ser quem sou
E te fazer alvo do meu amor

Ops!são

Estou apaixonado por alguém
apaixonado pela paixão
Pra mim, tem que ser ele
Pra ele, sou só uma opção

As vozes em minha cabeça e em meu peito
Só querem gritar teu nome
Podes ter teus garotos
mas só eu serei teu homem

½

Temo ter pé frio
Então tenho andado de meias

Tenho andado de meias
E sido meio eu

Se eu escorregar no chão liso
Você me pega?

Tenho tanto medo de não ser bom o bastante
pra você
que penso preferir não ser nada
Mas a verdade é que eu amo você
e sinto sua falta

Controverso

Sou duvidante
Sou duvidoso?
Sou indeciso
Mas decisivamente
Não quero te machucar

[1/2]

letrinhas

b com a
dá "ba"
c com a
"ca"
ca-co-cu

Vou fazer uma sopa de letrinhas
Tente desembaralhá-las
Olhee, letras em s í l a b a s
Sílabas em pa la vras
Sinto muito, sei que o prato esfria
Ainda estou aprendendo a me expressar

Não é incrível
como posso ter dito A ou B
consoante a leitura?
A depender d
entrelinhas em voga
do que se acha
do que se procura

[2/2]

Eu sei
É muito
e são muuuuuiiitas
Mas nem sempre engolir o alfabeto
me parece tão bom quanto falar

a-e-i-o-u
u-o-i-e-a

e

c e eu,
no que dá?

Nossa história é um

Para onde vamos?

A direção é variável

Algo nisso não se

,

Cansados de girar

em  do

Aturando essa

frequência tão

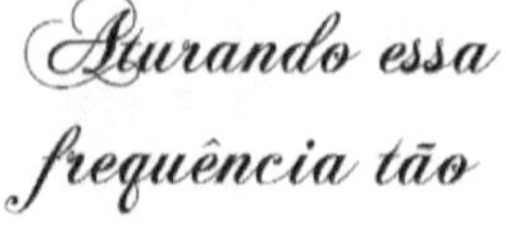

baixa

Eu te persigo,
Você me persegue,

Ora entediante,
Ora divertido.

Mas somos
inalcançáveis

É tarde para
voltar atrás.

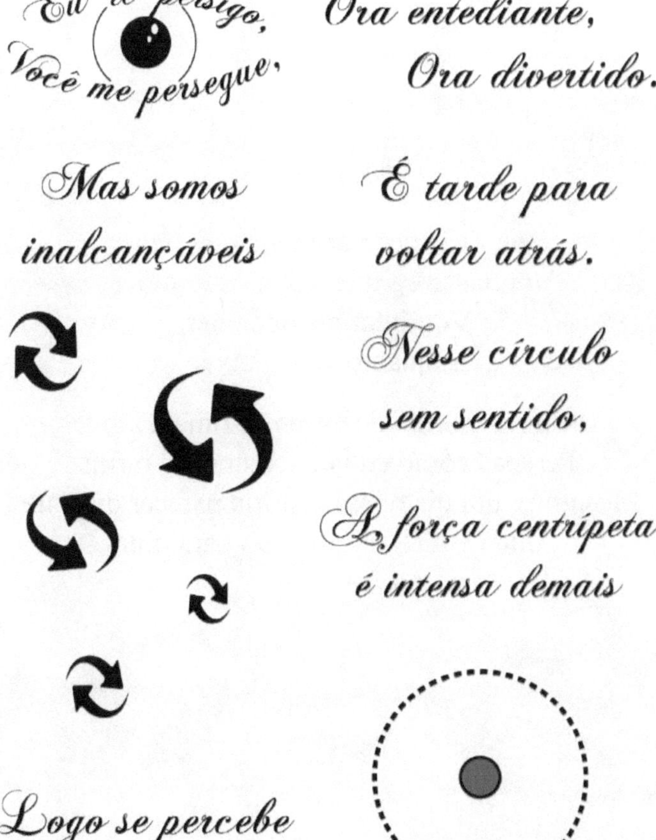

Nesse círculo
sem sentido,

A força centrípeta
é intensa demais

Logo se percebe

Extravios

Vou lutar por você o quanto puder
A única coisa que tem a fazer é ficar
Vou lutar até onde der
Enquanto você deixar

Pessoas como você veem o fim de longe
Pessoas como eu veem longe até o fim
Mesmo se um dia nossa história parecer distante
Ainda vai ter significado para mim.

Psicanalítico

Tormenta

O dia amanheceu ensolarado
Mas agora fecho as janelas para me aquecer
De repente, tento não ter o coração congelado
Parece que vai chover

O silêncio é mais alto do que qualquer trovão
Há tantas gotas no céu quanto lágrimas em meu
rosto
A saudade de cada paixão é maior que a dor de
cada decepção
Tantas defesas caíram, mas já não me importa
estar exposto.

Estou preso em meus pensamentos
"Por quê?", fico me perguntando
Estou completamente perdido no tempo
Amava, amei, continuo amando

Todo mundo se machuca algum dia
Todos choram, todos gritam, todos se sentem
assim
Mas a tristeza é amiga da alegria
Ambas são parte da vida
E está tudo bem
Pois há um começo em todo o fim.

[2/2]

Quando a luz do sol chegar
O brilho do dia trará de volta a paz
A tempestade acaba
E não tarde demais

Com tudo perdido
Ainda se resta a esperança
Amor é ainda
tudo de que preciso

muda o mundo
tudo alcança.

[1/2]

Pane

Ação programada
Emoção mecânica
Mente atarefada
Clara inoperância
Memória esgotada
Tragédia inorgânica

A sobrecarga vem
Mas está no modo economia de energia
Será um vírus que o detém?
Talvez seja hora de uma nova tecnologia
Está lento, parece ter um delay
Sem parar, mais quebrado a cada dia

Tenta mudar, mas seu comportamento é
automático
O mundo é rápido demais para seu processador
dilemático
Pressão, tempo, trabalho; pouco a pouco se
permite ser fanático
Nota tudo mudando enquanto se vê enferrujando
Passa por um pesadelo, mas não está sonhando
Funciona como máquina, não é um ser humano

[2/2]

Prefere que seus bugs e falhas, que até o fato de
existir seja ignorado
Diz ser defeito de fábrica, diz ser um modelo
ultrapassado
Há muito tempo perdeu a esperança de ser
consertado
Seu sistema quase para, seu motor esfria
Circuitos novos chegam, mas não chega uma
nova *vida*
Pensa muito nisso, mas, quem sabe, só precise
de gasolina...

Pobre homem de lata, queria ter um coração
para ouvir
Fazer updates, reformatar, apertar *restart*
No fundo, queria que antes que o desligassem
Lhe dessem chance de ser *homem de verdade*.

Ana e Mia

Era uma vez
Duas amigas minhas
Elas me ensinaram uma visão sem nitidez
Prometeram me remodelar, ser minha alegria

Não sei como começou
Mas isso me mudou para sempre
Mais uma mentira, mais uma desculpa, mais um
dia se passou
Continuaria por elas até que dissessem que eu
era suficiente

Quanto mais elas se aproximavam
Mais eu me afastava de tudo
Pessoas não faltavam
Faltava alguma que olhasse bem fundo
Mas a redoma que não notavam
Só poderia ser quebrada por meus próprios
punhos

"Quando eu for bom o bastante, vou parar"
Mas não vai parar, não vai atingir as metas
Tenta se controlar
Mas o controle sempre foi delas

[2/2]

Tentei ser a pessoa perfeita
Muita dor para uma falsa beleza
Tentando seguir a maldita receita
Esqueci o real significado de leveza

As mentiras que contavam
Eu só não podia silenciar
Meus medos a alimentavam
E estava ficando cheio de me esvaziar

A fome delas por mim estava aumentando
A fraqueza disfarçada de força me consumia
Minhas amigas estavam me matando
E eram tudo pelo que eu vivia

Apenas dentro da mais duradoura morte
Consegui relembrar o valor da vida
Por pouco vi que não tem como ser forte
Se a luta é sobre machucar, ao invés de curar a
ferida

Era uma vez
Duas virtudes minhas
Amor-próprio e vontade de viver
Prometo mantê-las até meu último dia
E matar em mim a morte de Ana e Mia.

É como se você fosse um balão
É como se estivesse cheio,
perto da explosão...
É como se preferisse rasgar por
fora.
E quando o cinza começa
vermelho
o ar começa a ir embora...

Transfigura

Sou multifacetado
E já não sei qual rosto olhar em frente ao
espelho

Misto de curiosidade e medo
Pelo que sei
Pelo que desconheço

Lista
não linear
de sobreposições
e r r a n t e s

DNA mutante
Correndo pelo meu sangue

Versos
às ɐʌessɐs
e mimnversão

Buracos em minha cabeça
Tesoura no meu coração

[2/2]

"Eu": "ué"
Que mera
Quimera
Quem era,
não sei
Nem quem
ser-ei
ser-eu
se-ei
se hei,
"hey, sei",
saberei
até não saber
até
ser
(como sempre
como nunca
como talvez)
"e se..."

Repondero

Agradeço por entender o que eu não digo
Se dissesse, eu não saberia por onde começar
Me faz lembrar o valor de um abraço amigo
Lembro ao que posso
(tudo é temporário)
me agarrar

Crise de Identidades (?)

Cansado de mim
Cansado de ser quem sou
Cansado de fazer o que faço
Cansado de saber o que sei
Cansado do meu cansaço.

Eu era tantos!
Como me tornei tão um?
Projetado em tantos planos,
não me encontro em plano algum.

Eram fogo e água tentando se tocar;
Meus vulcões entravam em erupção;
Eram minhas emoções a brincar;
Para cada rio, um sentido e direção.
Dentro de mim, mil mundos a explorar,
Assim, meus eus eram, foram, até que não.

Eu me dizia que iria melhorar,
mas isso ainda não aconteceu.
Já não sabemos se um dia irá;
O eu que ouvia então percebeu:
me disse que não vale a pena esperar,
pois no inesperado está o melhor que a vida nos
deu.

[2/3]

Dizíamos muito, na verdade
Indescritivelmente, todos conseguiam ouvir
O silêncio em suas próprias palavras e liberdade,
foi capaz de conversar, fazer rir e cantar para eu
dormir.

Sentimos a guerra, a quase matança!
Juntos sobrevivemos a nós mesmos.
Coletivizamos a esperança
e repartimos os medos.

Fui muitos, fui muito
E muito demais para um dia ser pouco.
Ainda sou, ainda somos,
Mas nunca seremos como fomos
E eu não sei como ser mais
do pouco muito que sobramos.

Estive dentro demais para estar fora
até que fora demais para estar dentro.
Não sei onde estou, só quero ir embora
e não estar estando sem eu mesmo...

Pensando bem, sou propriamente um
Pensando bem, sou quems em alguém
Sou os tantos, sou o um; problema nenhum
Problema de ninguém.

[3/3]

Bah
Não sou exatamente quem queria ser,
mas me recuso a ser meu mal querer.
Nas minhas indecisões, seja lá o que eu escolher
Só preciso ser livre para me ser
Para me re-ser

E livre por mim
Livre para ser quem sou
Livre ao fazer o que faço
Livre a saber o que sei
Serei livre do meu cansaço
e de ser livre, nunca cansarei

Carapaça

E quando todos parecem caracóis
rastejando para algum lugar,
mas a vida, antes, lhe parece sal
e você, escondido na concha,
parece, agora, ir para lugar algum?

Corpo mole,
realidade dura.
Que a chuva molhe,
tão sublime e pura,
minha alma em toda sua secura.

Sobre o impenetrável relevo,
penso: "vim da **terra**, não do **asfalto**.";
no que fazer com a angústia, o medo,
o sentimento amargado — penso alto —
que nele não pode ser enterrado.

Úmido, escuro, fechado...
Seria mofo sobre minhas feridas?
O ar não circula, pobre, escasso,
preso como a contagem de dias,
nas paredes desse quarto sem saída.

Admitir é difícil,
mas no meu esconderijo,
tenho aos poucos me esquecido
como é me sentir vivo.

Entender, um arrastar gradativo:
saber que o que foi, foi só o início
do final de um período;
um final que eu preciso.

E quando tudo parece feroz,
mudável apenas com lutas caras,
mas viver, antes, lhe parece crucial
e você, já fora da concha,
parece, agora, mudar com caras lutas?

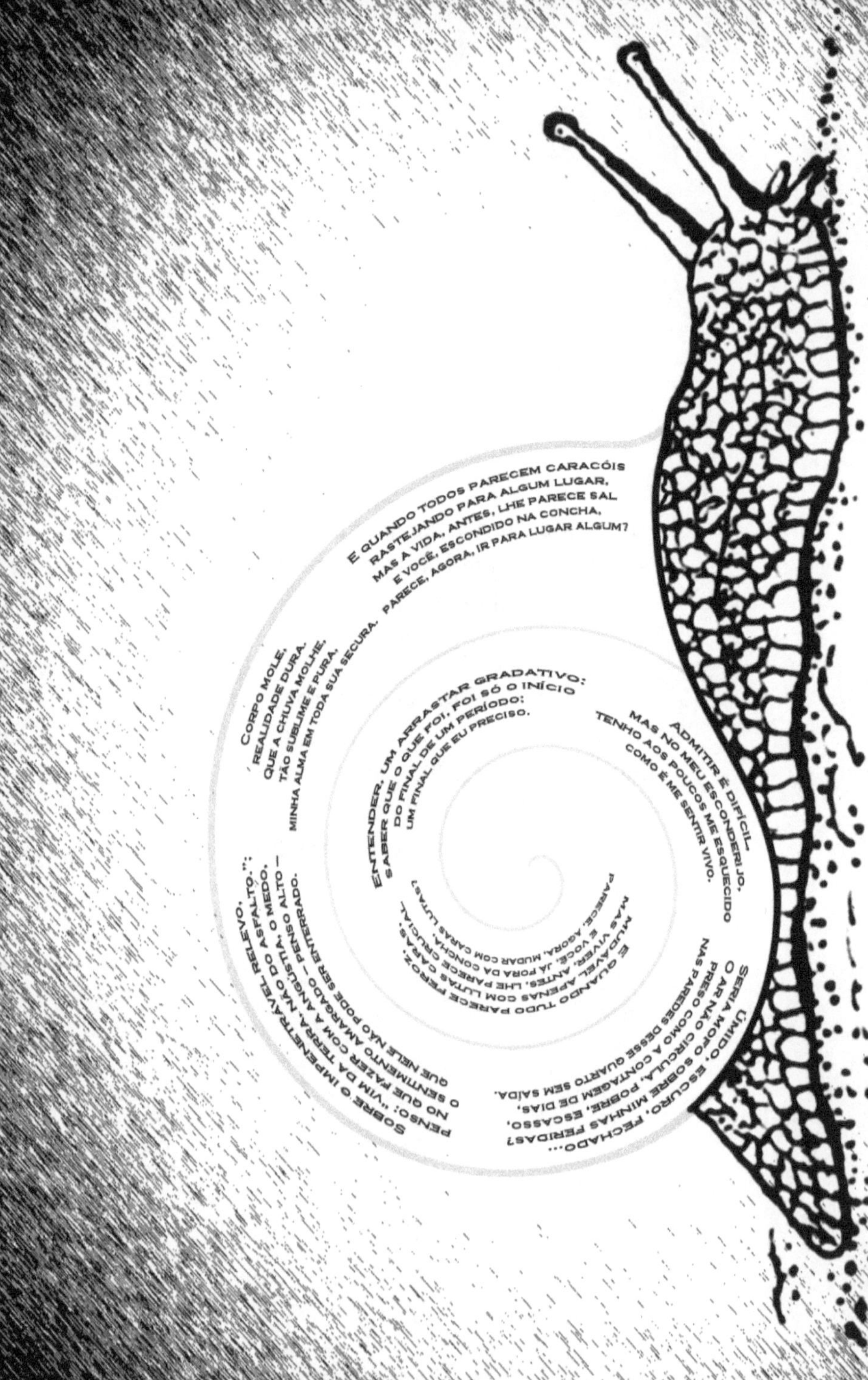

E QUANDO TODOS PARECEM CARACÓIS
RASTEJANDO PARA ALGUM LUGAR,
MAS A VIDA, ANTES, LHE PARECE SAL
E VOCÊ, ESCONDIDO NA CONCHA,
PARECE, AGORA, IR PARA LUGAR ALGUM?

CORPO MOLE,
REALIDADE DURA.
QUE A CHUVA MOLHE,
TÃO SUBLIME E PURA.
MINHA ALMA EM TODA SUA SECURA. PARECE...

ADMITIR É DIFÍCIL.
MAS NO MEU ESCONDERIJO,
TENHO AOS POUCOS ME ESQUECIDO
COMO É ME SENTIR VIVO.

SERIA ÚMIDO,
O AR MOFO. ESCURO. FECHADO...
PRESO COMO A CONTA. POBRE, ESCASSO,
NAS PAREDES DESSE QUARTO SEM SAÍDA.
O AR NÃO CIRCULA. POBRE MINHAS FERIDAS?

ENTENDER, UM ARRASTAR GRADATIVO:
SABER QUE O QUE FOI, FOI SÓ O INÍCIO
DO FINAL DE UM PERÍODO;
UM FINAL QUE EU PRECISO.

PARECE, AGORA, MUDAR COM CARAS LUTAS?
E VOCÊ, JÁ FORA DA CONCHA, CRUCIAL.
MAS VIVER, ANTES, LHE PARECE CARAZ,
E QUANDO TUDO PARECE FEROZ,
MUDÁVEL. APENAS COM LUTAS CARAS,

PENSO: "VIM DA TERRA. NÃO SEI —
NÃO SEI — PENSO ALTO —
NO QUE FAZER COM A ANGÚSTIA. O MEDO.
O SENTIMENTO AMARGADO
QUE NELE NÃO PODE SER ENTERRADO.
SOBRE O IMPENETRÁVEL DO ASFALTO.
SOBRE O IMPENETRÁVEL DO RELEVO."

[1/2]

Alguns dias, eu só tenho tanta certeza
de todas as coisas ruins que passam pela minha
cabeça,
que as dúvidas se fazem sentir fraquezas
e se ninguém me lembra, esqueço que vale a
pena

Sou uma hidra,
de cabeças aos montes,
mas tão descabeçada.
Abro a caixa de pandora
e começo o desmonte
de ideias perdidas
e perguntas complicadas

De "por quê" em "porque",
teço teorias sem sentido,
atiço meu senso crítico,
até que sem perceber,
já esteja distraído

Rio de tanto chorar
Do verbo "rir",
"Rio" de nadar.

O pensamento vai.
A lágrima escorre.
A vida passa.

[2/2]

Queria alguém para conversar
Sobre as coisas que nunca irei dizer
Olhar só o olhar
Chorar só o chorar
E um abraço que eu não precise perder

Alguns dias, eu só tenho tanta certeza
de todas as coisas ruins que passam pela minha
cabeça.

Pré-sol

Tem dias que eu olho no espelho
e o reflexo não ousa me olhar de volta;

Dias que não sei se sou mais o que imagino
ou mais o que existo;

Dias que questiono até que me desconheço,
só para me reapresentar e ter novas respostas;

Dias que me consumo e me revivo,
terminado, recomeçado, contínuo;

Dias que escureço
e me escondo na névoa;

Dias de desatino:
Dias que não dio.

Festejo Suicida

Todos batem palmas
enquanto meu coração para de bater

Bebo veneno como se fosse Champagne,
brindando com amigos e familiares;
Intoxico, gota a gota do meu sangue;
Será tarde demais quando notarem.

Meia noite a mágica acaba,
Quebro o sapato e caio da escada
O final feliz enfim desaba
Descobrem: não era um conto de fadas

Estou caindo em negação:
Nego a realidade.

Pulo de ilusão em ilusão,
Iludido que protegido da verdade.

Mas ele me diz
que real <u>não</u> precisa ser mal
mesmo se às vezes ser que **sim**,
porque "*Se*" é Mais, é até mesmo Mas
Se, quem sabe, é um Sinal

Se é um abraço
me dado
pelo ir-real

Estou caindo a negação

Coraçãozinho

Coração fino
Coração fácil
Meu coraçãozinho
É coração frágil

Coração mole
Coração cheio
Meu coração sofre
Coração partido ao meio

Coração desbotado
Coração descolorido
Meu coração tão apagado
Coração indefinido

Coração fingido
Coração ferido
Meu coração perdido
Quer coração amigo

Coraçãozinho

Coração fino
coração leal
Meu coraçãozinho
É coração frágil

Coração mole
Coração cheio
Meu coração sobre
Coração partido ao meio

Coração desbotado
Coração descolorido
Meu coração tão apagado
Coração indefinido

Coração fingido
Coração ferido
Meu coração perdido
Quer coração amigo

Estilhaço
Sempre
caio
do
mais
alto
ao
mais
baixo

Para você, era tempestade em copo d'água,
mas para mim, era o oceano inteiro
e eu prefiro afogar sozinho em mágoa
a deixa-la evaporar em deserto seco

Você não entende
Faz parecer coisa boba
Eu não mato sua sede
Então bebo cada gota
Meio cheio de dramas
Meio vazio de vida
Antes que você derrame
na pia
e vá ralo abaixo
Tudo
que
eu
achava
que sabia

[1/3]

Muros Reerguidos

Então é a isso que vamos nos reduzir?
Levar isso tudo como nada demais
Você, passivo-agressivo,
incapaz de admitir
E eu, ignorando sinais.

Chegamos tão longe
E você continua longe de me entender
Pois não importa o quanto eu explique ou conte
Por vezes, não há linguagem que suporte o dizer

Faça o que lhe é automático,
Talvez eu não seja tão *diferente* assim
Talvez como outros, eu fique no passado
Depois de me pedir para não ir,
seja você quem vai partir

[2/3]

Quem dera, eu estivesse mesmo enganado
Enclausurado em si, por si, julgará
Não fosse então o roteiro esperado
Economizará a fadiga pelo dispensar

Frequente de você
Afogar consigo o subjetivo
Nos consumir sem me dizer
E agir como um fugitivo

Você ao menos me conhece?
Que cenário poderia antever?
Um em que eu espelhe o subterfúgio
E lentamente escorregue
Para fora de você?

É o que você iria fazer?

Nos empurrar para o cômodo
Tende a ser plano frustrado
Tão caro o transtorno
Temos pagado

Arma sua defesa
Você quer recusar o risco
Há como?

Recuso a desistência
a troca
e o abandono

Cada qual em seu canto
Não sabemos aonde vamos
Você escutará
Quando eu disser
que te amo?

Prometi te amar
De maneira expansionista
Não pensei que me impediria.

Mas entregas soam desperdiçadas
E expectativas soam traídas
Quando barreiras são derrubadas
Apenas para serem reconstruídas

[1/10]

P̲o̲d̲r̲e̲: a indigestão subconsciente

Das histórias que não quero ver,
As que se imaginar, choro,
Das que me conflito escrever,
Permita-me contar o que
(eu imploro)
não venha a ser

[2/10]

Jardim secreto, dócil fruto.
Faiscante, explosivo.
Meu mel, meu tudo,
Um fogo de artifício;
Momento único,
um prestígio...
Espetáculo ilusório
em si consumido;
Incomensurável,
Inflamável,
Vaza escorregadio:
Vaza óleo;
Choro, mas salivo
Choro
Sabor lascivo
Não esquecível
Assunto imprevisível
Bomba-relógio
Amor perecível.

[3/10]

Bom demais para ser verdade
A paranoia brincava comigo
Até a brincadeira ser real:
Confusão, alarde,
O bem ser feito mal,
O problema irresolvível.

Eu estava inseguro.
Intoxicada minha mania de fantasiar
com a de cegamente acreditar
ou de querer ver luz demais em pleno escuro.
Não há, não dá
Mas coração ainda bate desejar
que quebrando, sem chão, juntos,
poderíamos flutuar,
Mas caímos, caímos fundo;
Nos derrubamos, me torturo;
Deixados para desmanchar,
Para nos afogar
no fim de nosso próprio mundo

[4/10]

O irreversível nos guiou
Até sermos a própria irreversão
Seu coração o meu rodopiou
Como se dançassem
Coreografia sem marcação,
Como se o ritmo já contasse
A estaticidade da solidão;
Dizíamos então
"Não solte minha mão"
E o entrelace dos dedos marcaram
Afetos, lembranças, resgates
Hoje mal vencidos pela desilusão
— Resistentes, clamantes,
Hora invocam a emoção,
sempre barrados, e apenas,
(uma pena)
pela razão.
Amáveis
Amantes
Em necessária,
dolorosa, seca
negação.

[5/10]

Você disse ser alguém que não era
Tantas vezes, até que o tornasse
Você estava certo, me perco a guerra
Embora eu tentasse

Eu disse o indizível
E, indizível, não foi, por isso, dito
Me perdi no intraduzível
Enlouquecido
Parando, silenciando, até que omitido
Não querendo que você se cansasse de dar
ouvidos.

Mesmo assim, materializado fora
tudo de que é impossível fugir
Pedia "me socorra"
Mas não sabíamos o que fazer
Salvar eu, salvar você
Até que o tempo quebra
O relógio acaba
Perdemos a direção
Passamos o limite da salvação
E, oh, como dói
Sermos a irreversão.

[6/10]

Você riu como se fosse uma piada
Você se esquivou como se não fosse dar conta
Você se absteve como se não fosse nada
Você não soube, e isso me desmonta.
Você percebe e isso o confronta.

Você me perdeu como se eu tivesse sido
(E ainda sou. E ainda sou?)
seu

Eu o perdi como se tivesse sido
(E ainda perco. E ainda perco?)
meu

Peço desculpas por me apaixonar
Sem saber como fazer isso,
Por ser arrependimento castigo.
Luto perdão para não o conquistar,
Minhas últimas calmarias a você apaziguar:
Nossas dores, amarguras de corações partidos
todas as que eu puder arrancar
mortas e fatais, só comigo.

Minha vida,
falhamos:
nos matamos
e vivemos
nesse suicídio.
Peço, eu mesmo
e eu alternativo,
que o que deponho
seja só e tão somente
mero mito
da minha mente.
Escrito pelo escrito,
loucura do meu inconsciente
só mais um dos meus quês de sinistro
Fora do meu entendimento
Apenas para me lembrar
Que te amo
e amo o amar
mesmo com tanto
que eu não entendo.

E que,
como você diz,
nem tudo é preciso entender.
Às vezes, basta sentir.

Quando te mostrei esse
texto

Você o chamou

de impecavelmente
incrível

Sem saber o que falar

Imaginou

num livro escolar

nas provas

para quais estudava

Como os textos

que você fotografava

e me enviava

Disse que devia tê-lo lido

Umas 4 vezes

Gostado de como

ele é todo

inconstante

E as partes dele

São tão diferentes

Nunca ter visto

em minha escrita

um jogo de palavras tão
bom

um encaixe tão bom

de rimas

e que veria

se me magoaria

mais vezes

para que eu produzisse

mais obras-primas

Ainda guardo

Sua resposta a Garoto
Café

Seu lettering de Leia-me

Mesmo que você possa
achar isso

besteira

Você sempre foi

minha plateia mais
efusiva

E nós sempre fomos

Minha dupla preferida

de artistas

Disse que estava feliz

Que havia te mostrado

E acreditado

Em ti

Que sentia muito

de verdade

por tudo que havia
acontecido

Mas que estava tudo bem,
por ti

Fez um chiste

E se pôs a rir

Talvez hoje

Eu não passe de uma
cicatriz

Nessa época

Me orgulhava

De como vencíamos

diferenças

Não havia

Ilusão mais doce

De que continuaríamos

assim

Ao fim

Não foi um mito

Foi algo que previ

Mas o que posso dizer?

Sem saber o que falar

Também fui feliz

Naquele tempo

Por acreditar

[10/10]

em ti.

[1/4]

Morradia

No reino da perfeição
Construo uma casa de sonhos
Em que sonho morar
A construo à mão
Perco noites de sono
Para numa cama de luxo descansar

A vizinhança me quer ver bem,
então não me deixa esquecer
que dói ser desabrigado.
Mas que tudo bem sermos todos reféns
do querer tanto, tanto, vir a ser
e que sacrifício é um mal necessário.
Todo o valor do trabalhador se resume a seu
trabalho.

As pessoas aqui, elas podem ser tão cruéis,
suas palavras bonitas fazem a verdade feia de se ver,
"Querer é poder, só depende de você"
E tudo que eu quero é ser,
ser maravilhoso.
Pois sucesso só requer que continuemos fiéis
e a perfeição, ela poderá me proteger,
me fazer acreditar valer a pena o esforço.

Vejo as construções alheias,
que erguem, grandiosas, as sombras do império,
onde, longe da luz da verdade,
ninguém nos verá infelizes.
Montando liberdades dentro de cadeias,
em busca do quintal mais belo,
onde, na terra da vaidade,
o orgulho possa firmar raízes.

Preciso de uma casa grande,
então me faço de meu escravo.
A alforria e outros troféus ficarão na estante,
com o vaso de amores perdidos, rosas e cravos.
E com vários andares criados,
me sentirei menos triste, embora cansado,
ao poder olhar tudo de cima,
Pois no topo do mundo,
os sofreres piores me fazem sentir sortudo
e esqueço minha baixa autoestima

Pessoas se envolvem na minha obra,
mas elas sempre vão de quase família
a meras vizinhas
Tive de aprender da pior forma
que não posso as entregar minhas chaves:
cedo ou tarde, teria a casa invadida.
A opinião dos outros não importa,
só eu estou comigo em todas as horas,
nascença e morte, a vida é sozinha.
É o bastante ser adorado da porta para fora,
eu junto a mim completo meu mundo,
a vida é só minha.

[3/4]

Oh, não
Tic tac, tic tac
Os relógios da parede
Apitam sem parar
Tic tac, mais um ano
Se a obra não acabar a tempo,
O tempo me demolirá.

Meu teto de vidro,
ninguém precisa conhecer.
Cubro os buracos dos muros.
e varro o pó para debaixo do tapete.
Começo a perguntar se mereço tudo isso,
como se os tijolos pudessem responder.
Vivi tanto tempo no escuro
e a grama já não parece tão verde.

[4/4]

Adentro minha mansão,
Mansão mausoléu.
Caio das escadas ao chão
Olho a janela, desejo o céu.

Ossos no armário,
mentiras no espelho,
elefante na sala.
Quarto frio,
lágrimas no travesseiro
quando o abajur se apaga.

Tantas cores, mas eu colorido de cinza.
Nunca estive tão desabrigado.
Noto agora: na mudança, perdi meu coração.
Vivo em uma casa vazia,
em um lar arruinado,
no reino da decepção.

Fumaça sai da minha boca
Eu não quero abri-la
Fumaça sai da minha boca
E eu não quero te sufocar
Fumaça sai da minha boca
Eu engoliria até me matar
Perdoe minha fala rouca
Fumaça sai da minha boca
E eu fico sem ar
Fumaça cobre meu rosto
Fumaça sai da minha boca
Até eu não poder te ver
Até você não poder me enxergar
Fumaça sai da minha boca
Há uma câmara de gás em mim
E eu não sei desligar
Fumaça sai da minha boca
Minha cabeça é uma fábrica
E eu não sei regular
Fumaça sai da minha boca
Meus motores param
E eu não sei consertar
Fumaça sai da minha boca
Até o trem do caos em mim
Parar de queimar
Fumaça sai da minha boca

Até cada palavra evaporar
Fumaça sai da minha boca
Eu temo poluir todo o ar
Eu não consigo sozinho
As cinzas me fazem lacrimejar
Então fumaça sai da minha boca
Até eu decidir me calar
Para que você não precise tossir,
minha fumante passiva,
tentando me salvar
Fumaça sai da minha boca
quando minha cabeça não ventila
então abrimos as janelas
puxamos as cortinas
avistamos o mar
as ondas levam
e reviram
É quando você abre a boca
Nossas línguas
soltas
Nossas mentes
loucas
Conversas tão boas
É quando a minha alma respira
E fumaça não sai da minha boca
Somos só eu, você
e nossas brisas.

[2/2]

[1/7]

Me ame
por favor
É pedir demais?

Nunca vá embora
Não esqueça de mim
É pedir demais
Que eu ainda exista
Se não for pra servir?

Não me deixe
Não me deixe para lá
Só porque eu sou eu
e eu seja alguém
dispensável de se estar

Me ame
por favor
É pedir demais?

Porque eu estive desesperadamente só
Confuso e com medo
De que ninguém entenda,
de que alguém sinta tão somente dó
E fique por algum tempo
Para que as lágrimas cessem
E então eu esteja junto
Só "junto"
Até estar só só
Até que acabe o tempo
Até que eu volte a ser um objeto
Que não chore
E me perceba de novo
sujeito-objeto
cujo sujeito
volte
a morrer por dentro

Se eu dissesse
que cada palavra significa
cada termo, cada cada
Você leria
com atenção
folhas inteiras
de uma alma rasgada?

É pedir demais
que eu possa depender de alguém
que ache que está tudo bem
no fato de eu querer ao menos
um ser
com quem eu possa falar
das vezes que todas as memórias
vêm de vez
e eu despenco
Como se um pequenino fato
fosse sobre
eu chorar até dormir
por tudo que alguém me disse
por eu temer ser expulso
pelo desprezo naquele rosto
ou aquela face transmutada
pelas comparações a ofender
pelo abismo entre eu e outros
pela vergonha que eu fui acusado
de causar
por todas as mentiras
que me fizeram sentir um monstro
pelas distorções
na minha cabeça
pelas vezes em que me senti insuficiente
em que fui ignorado
em que não pude escolher
a não ser continuar para ver
E pelo medo que sinto
de tanto amar e
de perder

tudo aquilo
em que eu insisto em pensar
para não me perder.

[4/7]

Me ame,
por favor
Eu preciso.

Quando eu disser que machuca
Você pode não me machucar ainda mais
Me ouvindo sem escuta?
Porque eu não quero
ofender ou distribuir culpa
ou pedir soluções insolutas.
Eu só preciso de alguém
que se importa.
Alguém que possa se doar
mais do que se oferecer,
porque nem sempre eu vou pedir
(e posso precisar mais do que o sorriso diz),
de ajuda.

Me ame,

por mim,

não pelo que eu faço de bom,

porque quando eu não puder fazer, não serei

amado

Me ame,

por amor,

não por culpa,

porque quando não estiver arrependida, não

serei amado

Me ame,

por mim,

não porque me admira

porque quando eu não estiver à mostra, não serei

amado

Me ame,

por amor,

não por acaso

porque quando eu não estiver com sorte, não

serei amado

Me ame,

por você,

porque quando eu estiver fora de mim, estarei

em você

e estando um no outro, estaremos em nós

mesmos

[6/7]

Me ame,
se não for pedir demais,
porque eu sonho alto
e eu sinto muito
E eu prometi a mim mesmo
exigir menos
e compreender mais

Mas eu preciso acreditar
Que há mais pra mim no mundo
Do que tocar e trocar
Porque tantos se vão
Tanto se fica
Alguém pode ficar?

Há quem dirá
que amor não se pede
não se implora
Mas o que há de argumentar
Se quando um bebê quer colo
ele chora?

[7/7]

Seria desamor comigo
Dizer a mim mesmo que me amo
E que não preciso de mais nada
Abandonar meus desejos mais íntimos
Para acompanhar uma sociedade solitária

Me ame
E se não for pedir demais
Por favor
Me deixe te amar

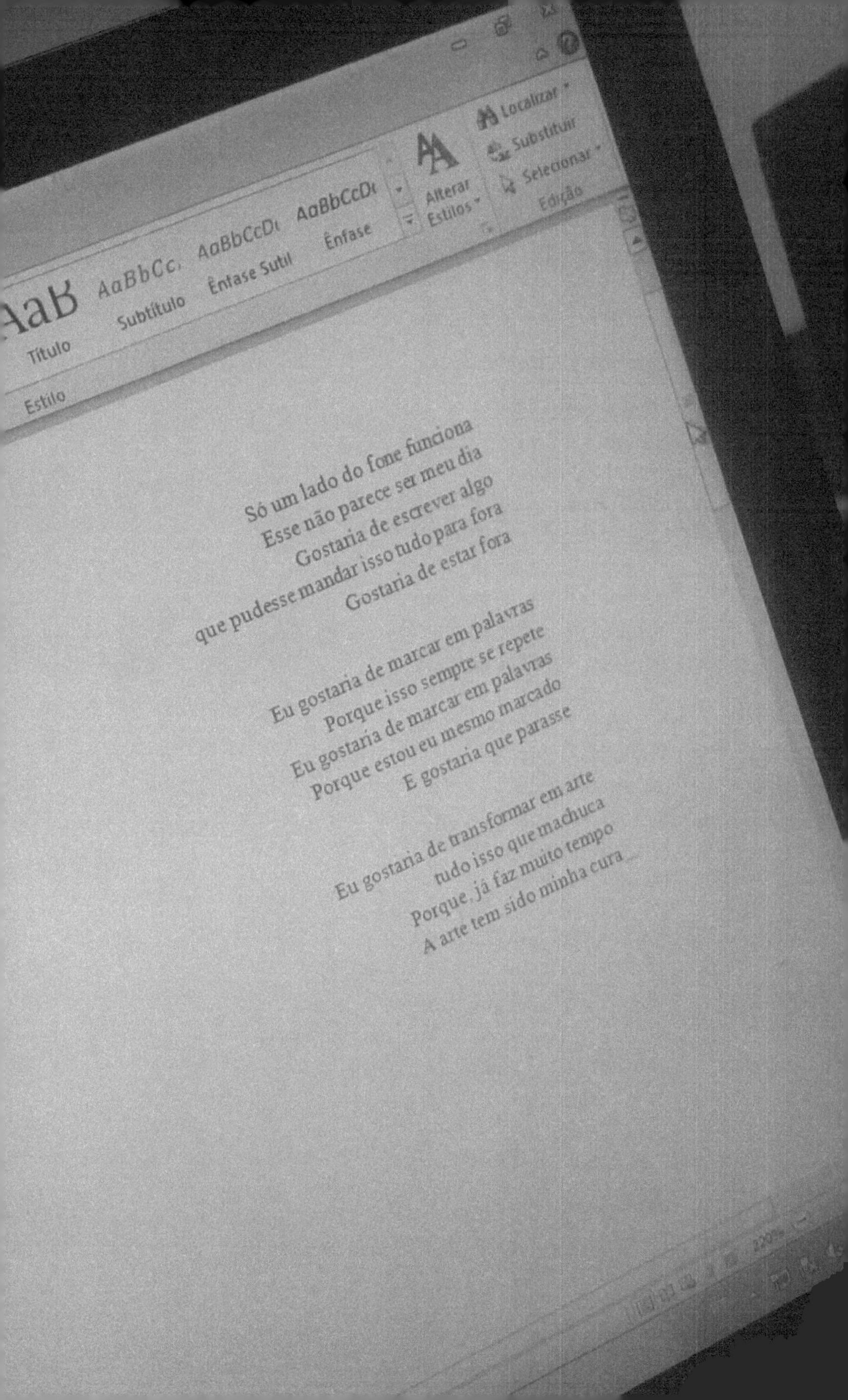
Título
Subtítulo
Ênfase Sutil
Ênfase
Alterar Estilos
Localizar
Substituir
Selecionar
Edição
Estilo
Só um lado do fone funciona
Esse não parece ser meu dia
Gostaria de escrever algo
que pudesse mandar isso tudo para fora
Gostaria de estar fora
Eu gostaria de marcar em palavras
Porque isso sempre se repete
Eu gostaria de marcar em palavras
Porque estou eu mesmo marcado
E gostaria que parasse
Eu gostaria de transformar em arte
tudo isso que machuca
Porque, já faz muito tempo
A arte tem sido minha cura...

Vulnerável

Logo eu, com medo de ser vulnerável...
Preciso admitir que às vezes tenho medo de ser um
fracasso

Quero provar meu valor

Minhas ambições
Não falo muito
Sou cheio delas
Uma alma repleta
Mas não quero plateia
Para minhas quedas
Até o dia em que me erga
Sobre uma história honesta
Pois sou semente
Sou realidade e promessa
Abstração em luta concreta
Trabalho diário
De uma mente estratégica
Responsavelmente aberta
Intimamente liberta
Inocente e esperta
Cautelosamente à espera
      Em construção efetiva
          Em muito, reflexiva
          sutil, quase silenciosa
          mas tão nitidamente potente
          delicada e determinada
   imensa
   imersa
Dos dias de festa